병든 민주주의
미국은 왜
위태로운가

États-Unis : Anatomie d'une démocratie Thomas Snégaroff, Romain Huret

© Les Arènes et France Inter, Paris, 2024
Korean edition arranged through Icarias Agency
Translation copyright © 2024 Booksea Publishing Co.

병든 민주주의, 미국은 왜 위태로운가

초판 1쇄 발행 2024년 11월 5일

지은이	토마 스네가로프, 로맹 위레
지도 및 인포그래픽	델핀 파팽, 플로리안 피카르
옮긴이	권지현
펴낸이	이영선
책임편집	김선정
편집	이일규 김선정 김문정 김종훈 이민재 이현정
디자인	김회량 위수연
독자본부	김일신 손미경 정혜영 김연수 김민수 박정래 김인환

펴낸곳 서해문집 | 출판등록 1989년 3월 16일(제406-2005-000047호)
주소 경기도 파주시 광인사길 217(파주출판도시)
전화 (031)955-7470 | 팩스 (031)955-7469
홈페이지 www.booksea.co.kr | 이메일 shmj21@hanmail.net

ISBN 979-11-92988-95-5 03340

병든 민주주의
미국은 왜
위태로운가

토마 스네가로프, 로맹 위레 지음
델핀 파팽, 플로리안 피카르 지도 및 인포그래픽
뤼시 롱도 뒤 누아예 참고 자료
권지현 옮김

미국의 기원, 발전, 그리고 위기까지
지도+인포그래픽과 함께 읽는 미국 민주주의의 모든 것

서해문집

토마 스네가로프는 역사학 교수자격증 취득 후 고등학교, 그랑제콜 준비반, 파리정치학교에서 오랫동안 역사와 지정학을 가르치다가 저널리즘에 뛰어들었다. 프랑스 교육방송인 프랑스5에서 일요일마다 〈이것이 정치다C Politique〉를, 공영 라디오 방송인 프랑스앵테르에서 토요일마다 〈대토론Le Grand Face-à-Face〉을 진행한다. 미국 현대사 전문가로 미국 대통령에 관한 책을 여러 권 집필했고, 클린턴 부부와 존 F. 케네디 전기를 썼다. 아칸소주 리틀록 지역의 흑인 학생 9인을 다룬 자신의 책을 희곡으로 각색해 2024년 아비뇽 페스티벌의 무대에 직접 오르기도 했다. 저서로는 《미국 대통령의 사생활》(2024), 《이스라엘 팔레스타인 분쟁의 해부》(2024), 《푸치, 히틀러의 피아니스트》(2020), 《리틀록, 1957년 ─ 미국을 뒤흔든 9인의 흑인 고등학생 이야기》(2018), 《빌 클린턴과 힐러리 클린턴 ─ 사랑과 권력의 결혼》(2014) 등이 있다.

로맹 위레는 미국사를 전공한 역사학자이자 프랑스 사회과학고등연구원(EHESS) 원장으로, 프랑스와 미국에서 불평등과 민주주의에 관한 책을 다수 출간했다. 빈곤에 관한 연구로 시작하여 미국의 조세 제도와 자본주의의 역사를 사회적이고 정치적인 관점에서 다루었다. 프랑스 방송사(프랑스 텔레비지옹, 아르테)의 의뢰로 미국사에 관한 다큐멘터리 작가로 활동하기도 했다. 저서로는 《빈곤의 종식? 미국 빈곤 퇴치 전쟁을 벌인 전문가들(1945~1974년)》(2008), 《카트리나, 2005년 ─ 미국의 허리케인, 국가, 그리고 빈민》(2010), 《세금을 내지 않는 미국인들》(2014), 《빈곤과의 전쟁을 벌이는 전문가들》(2018), 《자본주의에 대한 반론, 뉴딜과 그 유산》(2020), 《앤드류 멜론의 재산 ─ 법원에 간 미국 자본주의(1933~1941년)》(2023) 등이 있다.

델핀 파팽은 파리8대학 소속 프랑스지정학학교(IFS)에서 박사 학위를 받았으며, 현재 프랑스의 대표적 일간지《르몽드》에서 인포그래픽 부서를 이끌면서 최고의 전문가들과 합력하여 시사 문제들을 밀착 분석한다. 매주 토요일 프랑스퀼튀르의 〈레마탱〉이라는 라디오 방송 프로그램에서 '움직이는 지도들' 코너를 진행하고 있다.

플로리안 피카르는《르몽드》의 지도 제작자로 활동하고 있다. 파리지리학학교와 프랑스 국립지리학학교를 졸업하고 여러 잡지, 아틀라스, 교과서 작업에 참여했다. 2017~2019년에는 프랑스 국립국토결속기구(ANCT)에서 지도 제작을 담당했다. 특히 정책 결정에 도움을 주는 정치 관련 지도 제작에서 탁월한 성과를 나타내고 있다.

머리말

"국민의, 국민에 의한, 국민을 위한 정부."

1863년 11월 19일, 에이브러햄 링컨은 게티즈버그에서
이처럼 매우 단순하면서도 동시에 매우 심오한 문장으로
민주주의를 정의했다. 그때는 피비린내 나는 내전이 한창
이었다. 동족상잔의 남북전쟁은 남부의 노예 제도를 어떻
게 평등의 이상과 양립시킬 것인가 하는 민주주의의 본질
적인 딜레마에서 비롯되었다. 노예 제도를 지지하는 남부
연합은 그것이 평등에 위배되지 않는다고 생각했고, 북부
의 폐지론자들은 도덕적인 이유로 노예 제도를 받아들일
수 없었다. 링컨의 유명한 게티즈버그 연설은 그 출발점이
었던 남북전쟁의 망령만큼이나 지금도 미국 민주주의에
깃들어 있다.

미국의 민주주의가 지금보다 나약한 상태에 빠진 적은 없
을 것이다. 약 20년 전부터 미국 유권자들은 매번 선거 결

과에 의혹을 제기한다. 2000년에는 대법원까지 가는 지난한 재검표 소송 끝에 조지 W. 부시가 앨 고어를 누르고 대통령에 당선되었다. 그로부터 8년 뒤 버락 오바마가 당선되자마자, 그의 경쟁자들은 출생증명서까지 거론하며 그가 미국인이 아닐 수 있다는 주장을 제기했다. 2016년에는 도널드 트럼프가 힐러리 클린턴보다 300만 표나 적게 받고도 대통령에 당선되어 민주당 진영은 씁쓸함을 달랠 수밖에 없었다. 미국에서는 어떻게 표를 적게 받고도 선거에서 이길 수 있는 것일까?

미국의 복잡한 선거 방식은 제도에 대한 유권자들의 신뢰를 떨어뜨렸다. 대법원에서 의회, 그리고 대통령에 이르기까지 제도라는 것이 정통성을 점점 더 상실하고 있다. 250년 전 건국의 아버지들이 우려했던 미국의 분열 가능성이 오늘날 캘리포니아주나 텍사스주 등에서 다시 고개를 들고 있다. 미국의 민주주의는 그 어느 때보다 갈등과 분열, 의견 대립으로 붕괴하고 있으며, 급기야 2021년 1월 6일에는 도널드 트럼프 지지자들이 민주적 정권 이양을 거부하며 의사당에 난입하는 사건이 벌어졌다. 미국의 민주주의는 할리우드의 블록버스터 영화에 나올 법한 전쟁터를 방불케 한다.

1776년 독립전쟁 이후 미국에서는 무슨 일이 벌어진 것일까? 이 책은 미국, 그리고 미국을 넘어 나머지 세계에도 매우 중요할 이 질문에 답한다. 이 책은 오랫동안 모범으로 여겨온 미국 민주주의 실험이 어떤 허점을 가졌는지 긴 역사를 통해 살펴볼 것이다. 미국 민주주의를 지지하는 사람들은 안정적인 제도, 강력한 중산층, 역동적인 경제에 자부심을 느꼈다. 반대하는 사람들은 이른바 모범이라고 하는 민주주의의 한계, 모순, 부당함, 폭력을 강조했다. 앞으로 이어질 내용에서는 독자가 양측의 의견을 골고루 들어보고 나름의 판단을 할 수 있도록 했다.

미국 민주주의의 역사는 단선적이지 않다. 특히 1787년 5~9월 건국의 아버지들을 포함하여 미국 헌법을 제정하기 위해 필라델피아 제헌의회에 모인 대의원들이 고안했던 완벽한 민주주의는 상상하지 않는 것이 좋다. 그렇다고 초기의 완벽함과는 거리가 멀어지고 무능한 지도자들 때문에 시간이 지나면서 변질된 민주주의를 상상하지도 말라. 다시 말하면, 미국의 민주주의는 리처드 닉슨의 사임이나 도널드 트럼프의 돌출 행동 때문에 궤도 이탈한 것이 아니다.

우리는 이 책에서 미국 건국의 아버지들이 얼마나 민주주의를 불신했는지 알게 될 것이다. 사실 그들은 소수의 엘리트가 지배하는 공화정 모델을 선호했다. 미국 헌법과 이

미국의 제도
균형·견제·제한

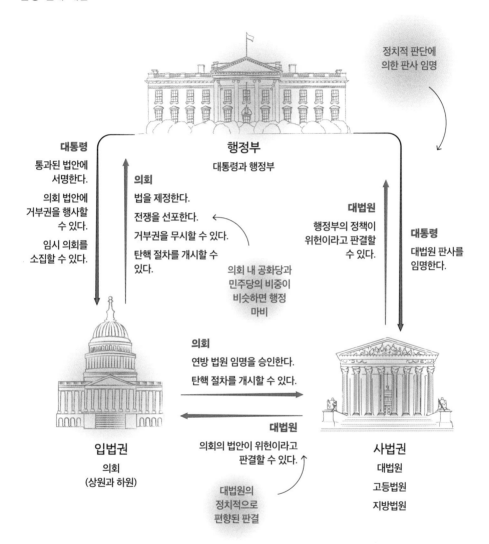

정치적 판단에
의한 판사 임명

대통령
통과된 법안에
서명한다.
의회 법안에
거부권을 행사할
수 있다.
임시 의회를
소집할 수 있다.

행정부
대통령과 행정부

의회
법을 제정한다.
전쟁을 선포한다.
거부권을 무시할 수 있다.
탄핵 절차를 개시할 수
있다.

의회 내 공화당과
민주당의 비중이
비슷하면 행정
마비

대법원
행정부의 정책이
위헌이라고 판결할
수 있다.

대통령
대법원 판사를
임명한다.

의회
연방 법원 임명을 승인한다.
탄핵 절차를 개시할 수 있다.

대법원
의회의 법안이 위헌이라고
판결할 수 있다.

대법원의
정치적으로
편향된 판결

입법권
의회
(상원과 하원)

사법권
대법원
고등법원
지방법원

출처 : *L'Histoire collection*, "États-Unis, les fièvres d'une démocratie", numéro 104, juillet 2024

후 추가된 27개의 수정헌법은 거의 바뀐 것이 없다. 헌법에는 '민주주의'라는 말이 단 한 차례도 등장하지 않는다는 사실은 많은 것을 시사한다. "인간이 천사라면 국가가 필요 없을 것이다." 강력한 국가를 원했던 헌법 제정자 중 한 사람이었던 알렉산더 해밀턴은 이렇게 말했다. 원주민, 여성, 노예는 애초에 미국 시민이 될 수 없었다. "모든 인간은 자유롭고 평등하게 태어났다"라고 말한 토머스 제퍼슨이 너무 성급했던 것은 아닐까.

우리는 사회계약에서 애초에 배제된 사람들이 어떻게 요구사항을 관철하는지 보게 될 것이다. 노예 제도 폐지와 민권 운동 등 중요한 진보가 이루어진 것은 사실이지만, 독립선언문에 나오는 '행복 추구권'이 보장되려면 아직 갈 길이 멀다. 미국의 경제 발전에도 불구하고, '흑인의 생명도 중요하다Black Lives Matter'에서 뉴페미니즘 운동까지 약속되었던 행복은 아직 멀리 있는 듯하다.

미국의 민주주의는 여전히 동일한 헌법을 가지고 있다. 헌법을 애지중지하는 사람들도 있고 비판하는 사람들도 있다. 미국의 민주주의는 입법, 행정, 사법의 삼권분립을 엄격하게 준수하고 나라가 독재 체제로 넘어가지 않도록 막아줄 견제와 균형 시스템에 기반하고 있다. 헌법 제정자들은 특히 주와 연방국의 권한을 엄격히 구분했다. 연방주의가 민주주의의 기본 원칙을 위배하더라도 말이다. 주마다 상원의원 2명이 선출되는데, 이때 주에 거주하는 사람의 숫자는 중요하지 않다. 그래서 와이오밍주(주민 58만 4000명) 유권자 1명의 투표는 캘리포니아주(주민 3900만 명) 유권자 1명의 투표보다 66배나 가치가 높다. 삼권분립의 원칙도 최근 미국 대법원의 정치화를 보면 심각하게 침해될 우려가 있다.

미국의 병든 민주주의는 우리가 관심을 기울일 만한 사안이다. 그 모습에서 우리는 우리의 민주주의에 대한 의구심과 두려움을 보게 될 것이기 때문이다. 그런 의미에서 미국은 가깝고도 먼 나라다.

미국의 헌법 정신

미국에서 헌법은 매우 중요한 문서다. 보수주의자들은 헌법을 신성하게 여길 정도다. 대법원 판사들은 법이 헌법 정신을 수호하도록 보장하는 역할을 한다. 그러나 법률가들은 이에 관한 상반된 견해를 가지고 있다. '진보적인' 법률가들은 건국의 아버지들이 시대에 따라 다르게 적용될 수 있는 유연한 문서를 만들었다고 생각하는 반면, 보수적인 법률가들은 헌법의 '근본주의적' 해석을 중시한다. 다시 말하면, 건국의 아버지들이 생각한 대로 헌법을 해석해야 한다는 것이다. 예를 들어, 동성애 결혼이나 사회보장제도는 건국의 아버지들이 헌법에 포함하지 않았다고 주장한다.

1776

민주주의에 대한
두려움

민주주의는 오래 지속된 적이 없습니다.
민주주의는 낭비적이고 소진되어 사라집니다.
자멸하지 않은 민주주의 국가는 없었습니다.

—

1814년 12월 17일
존 애덤스가 존 테일러에게 보낸 편지

민주주의는 오래 지속된 적이 없습니다.
민주주의는 낭비적이고 소진되어 사라집니다.
자멸하지 않은 민주주의 국가는 없었습니다.
민주주의가 귀족정이나 군주제보다 덜 덧없고
덜 자만하며 덜 이기적이고 덜 야심 차고
덜 인색하다고 말하는 것은 의미 없습니다. 사실이
그렇지 않고, 역사상 그런 적도 없습니다. 정부의
형태가 어떠하든 인간은 그러한 열정을 똑같이
가지고 있고, 그 열정이 제어되지 않으면 사기, 폭력,
잔인함과 똑같은 결과를 낳습니다.
_존 애덤스

1814년에 민주주의를 비판했던 존 애덤스는 미국
건국의 아버지 중 한 사람이었다. 그의 모순된 입장을
어떻게 설명할까?

존 애덤스의 말은 두 가지 방식으로 해석할 수 있다. 우선
역사적 맥락에서 해석이 가능하다. 계몽주의자였던 애덤
스는 고대 로마의 공화정, 중세와 근대의 도시 공화국 등
인류 역사에서 공화정이 몰락한 사례가 차고 넘친다고 생

각했다. 공화정은 모두 실패했고, 파당을 형성하는 과두제나 1인이 권력을 독점하는 군주제로 이어졌다. 그런가 하면 애덤스의 이 몇 마디 말은 고백으로도 볼 수 있다. 1787년 제헌의회의 대의원들은 13개 연방주의 단결을 위하여 '시민권'에 관한 제한적 정의에 합의한 바 있다. 갓 태어난 공화국은 모든 국민에게 권력을 부여하지 않았다. 특히 원주민과 흑인을 배제했고, 1920년까지 모든 여성을 제외했다. 애덤스도 다른 국부들처럼 백인 남성의 공화국을 지지했다. 여기서 백인 남성은 모두 지주이며, 대부분 노예제 찬성론자였다. 그런데 작은 엘리트 집단인 국부들은 공화제의 이상을 외치며 마치 전 국민을 대변하는 듯이 행세했다. 이것이 미국 공화국이 갖고 있는 근본적인 모순이다.

스코틀랜드 계몽주의
잉글랜드와의 통합(1707) 이후 스코틀랜드에서는 지적 활동이 활발하게 일어났다. 대학 도시들에서 '상식'과 '도덕심'을 강조한 많은 책이 출간되었다.

몽테스키외와 스코틀랜드 계몽주의자들의 영향을 받은 애덤스와 제헌의회 대의원들은 완벽한 공화국을 구상했다고 확신했다. 그들은 삼권분립뿐만 아니라 입법권, 사법권, 행정권이 서로를 견제하도록 했다. '견제와 균형'이라 불리는 이 시스템은 모든 일탈을 방지한다는 것이다. 예를 들어 대통령은 의회가 채택한 법안을 거부할 수 있고, 반대로 의회는 부패나 반역의 죄를 저지른 행정부 고위 관료의 탄핵 절차를 개시할 수 있다. 여기에는 대통령도 예외가 될 수 없다.

미국 독립전쟁
1775-1783

1764-1779
영국이 미국 식민지에 세금을 부과했다.

- 영국의 13개 식민지
- ➡ 영국군의 이동 경로
- ✿ 영국군의 승리

1775-1776
분노한 식민지 주민들이 무기를 들고 독립을 요구했다.

- ➡ 영국계 주민들로 구성되고 워싱턴 장군이 지휘하는 독립군의 이동 경로
- ✿ 독립군의 승리
- ✿ 1776년 7월 4일 토머스 제퍼슨이 작성한 독립선언문 조인

1777-1783
프랑스가 경쟁국인 영국이 아닌 미국을 지지했다.

- ➡ 프랑스 군대
  라파예트 장군이 지휘했다.
  프랑스에는 7년 전쟁
  (1756~1763)과 미국 내
  식민지 상실에 대한 복수를
  할 기회였다.
- ✿ 프랑스군의 승리

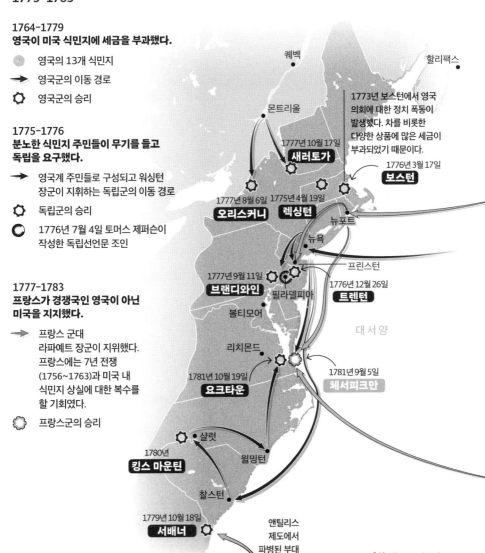

1773년 보스턴에서 영국 의회에 대한 정치 폭동이 발생했다. 차를 비롯한 다양한 상품에 많은 세금이 부과되었기 때문이다.

퀘벡
할리팩스
몬트리올
1777년 10월 17일
새러토가
1776년 3월 17일
보스턴
1777년 8월 6일 1775년 4월 19일
오리스커니 렉싱턴
뉴포트
뉴욕
프린스턴
1777년 9월 11일
브랜디와인
필라델피아
1776년 12월 26일
트렌턴
볼티모어
대 서 양
리치몬드
1781년 9월 5일
체서피크만
1781년 10월 19일
요크타운
샬럿
1780년
윌밍턴
킹스 마운틴
찰스턴
1779년 10월 18일
서배너
앤틸리스 제도에서 파병된 부대

출처 : Christian Grataloup (dir.)
et Charlotte Becquart-Rousset,
Atlas historique mondial,
Les Arènes / L'Histoire, 2023

그렇다면 미국은 원래 민주주의에 반하여 건국되었을까?

'민주주의에 반한다'는 표현은 좀 지나치다. 미국은 스스로 엘리트가 지배하는 공화국이라고 생각했다. 독립전쟁으로 군주제인 영국을 상대로 거둔 승리는 미국에 강한 민족주의 감정을 불러일으켰고, 스스로 특별한 정치 체제이자 국가라는 생각을 갖게 했다. 왕이 다스리는 세상에서 미국 공화국은 보편적인 모델이 되기를 바랐다. 건국의 아버지들은 '공공의 것'에서 많은 사람을 배제했으면서도 특

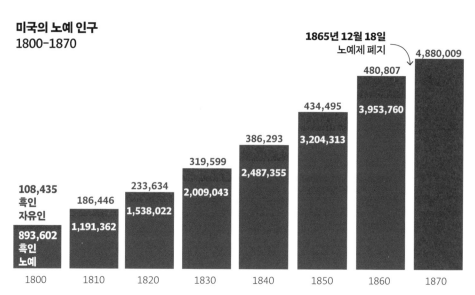

미국의 노예 인구
1800-1870

1865년 12월 18일
노예제 폐지

4,880,009

480,807

3,953,760

434,495

3,204,313

386,293

2,487,355

319,599

2,009,043

233,634

1,538,022

186,446

1,191,362

108,435
흑인
자유인

893,602
흑인
노예

1800 1810 1820 1830 1840 1850 1860 1870

출처 : 버지니아대학교

별하고 보편적인 정치 체제를 구축했다고 확신했다. 노예 제도가 있다는 것이 물론 그들의 마음을 불편하게 했다. 그들 중 많은 사람이 노예를 소유하고 있었음에도 말이다. 이처럼 공화제의 이상과 노예 제도가 동시에 존재하면서 근본적 모순이 생겼다. 그들은 어떻게 대농장에서 매일 마주치며 알고 지내던 사람들에게 시민권을 주지 않을 수 있었을까? 특히 남부에서 말이다. 20세기 말에는 독립선언문을 쓴 토머스 제퍼슨이 흑인 노예 샐리 헤밍스와 동침한 적이 있다는 사실도 밝혀졌다.

이러한 모순에 대해 건국의 아버지들은 뜻이 같지 않았다. 누군가는 미국이 민주주의를 향해 단계별로 나아가리라고 생각했다. 제퍼슨도 흑인과 원주민을 '문명인으로 만들어서' 언젠가 그들을 공화국에 통합시킬 수 있으리라 생각했다. 그러나 인종차별이 널리 퍼져 있던 남부를 중심으로

미국 건국의 아버지들

1916년 이후 이 표현은 필라델피아에서 미국 헌법을 제정한 인물들을 가리키는 데 사용되고 있다. 조지 워싱턴, 알렉산더 해밀턴, 벤저민 프랭클린, 존 애덤스, 새뮤얼 애덤스, 토머스 제퍼슨, 제임스 매디슨, 존 제이가 그들이다. 비난과 칭송을 동시에 받는 이들은 피해 갈 수 없는 기준이 되었고, 오늘날에도 미국 정치판에서 자주 거명된다.

매우 강경한 노선을 유지한 사람들도 있었다. 그들은 흑인이 완전한 시민이 되는 날은 없어야 한다고 주장했다. 남북전쟁(1861~1865)에서 북부에 패한 뒤에도 남부의 주들은 해방 노예와 그 후손이 시민권을 받지 못하도록 하려고 갖은 애를 썼다.

남북전쟁으로 미국은 더 민주적인 공화국이 되었을까?

그렇다. 남북전쟁으로 노예가 해방되고 민주주의의 영역을 확장했기 때문이다. 미국에서 남북전쟁을 '내전Civil War'이라고 부르는 것은 우연이 아니다. 노예 제도 폐지론의 승리와 노예 전체의 해방을 위해서 북부의 주들은 국부들이 가장 우려했던 '분열'의 위험을 감수했다. 1865년에 승리를 거둔 북부는 공화국에 관한 관점뿐 아니라 경제 발전 모델도 남부에 강요했다.

수정헌법 제13조는 미국 영토 내에서 노예 제도를 금지하고 있다. 3년 뒤인 1868년에 마련된 수정헌법 제14조는 미국 땅에서 태어났거나 귀화한 모든 자에게 시민권을 보장한다. 한편 많은 북군파가 전쟁이 끝난 뒤 남부에 정착했고, 현지 주민들에게 경제와 사회를 어떻게 바꿔야 하는지 가르치려 했다. 남부는 1877년까지 계속된 '재건' 기간

재건
1865~1877년에 연방국은 남부연합을 직접 통치했다. 1876년 대통령 선거 결과에 대한 논란을 조정하고자 1877년에 타협이 이루어지면서 이 통치도 끝이 났고, 이는 남부의 인종 분리 정책이 시작되는 계기가 되었다.

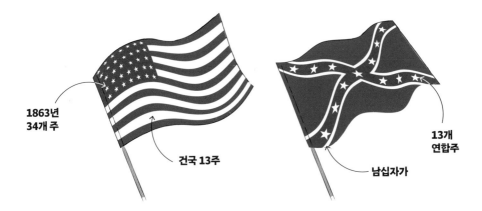

**1863년
34개 주**

건국 13주

**13개
연합주**

남십자가

성조기(1863)

남북전쟁 당시 '별이 그려진
깃발'이 연방을 상징하게 되었다.
1777년에 채택된 국기가
처음으로 대량 생산되었고
공공장소와 전쟁터에서 흔히 볼
수 있게 되었다. 링컨 대통령은
남부연합에 속한 주들을
상징하는 별이 국기에 그대로
표시되는 것을 중요하게 여겼다.
그 별들을 빼면 남북 분열에
상징적 정통성을 부여하기
때문이다.

남부연합기(1863)

1861년 3월 남부연합은
첫 번째 국기를 만들었지만
이내 '양키'의 깃발과 너무
비슷하다는 비난을 받았다.
전쟁터에서 병사들이
성조기와 남부연합기를
구분하지 못할 정도였다.
1863년 이후 남부연합은
전쟁터에서 혼동을 주지 않을
새로운 군기를 사용했다.

남북전쟁
1861-1865

● 연방
◆ 수도

캐나다

오리건
자유 영토
미네소타
위스콘신
미시간
메인
버몬트
뉴햄프셔
매사추세츠
1
2
뉴욕
아이오와
인디애나
오하이오
펜실베이니아
뉴저지
델라웨어
워싱턴 D. C.

캘리포니아
목화 지대(코튼벨트)
일리노이
메릴랜드
3
버지니아
리치몬드

뉴멕시코 준주
오클라호마 준주
미주리
켄터키
테네시
노스캐롤라이나

아칸소
사우스캐롤라이나
찰스턴

앨라배마
조지아
대서양

텍사스
미시시피
루이지애나

플로리다

● 남부연합
◆ 수도
/// 노예제를 찬성하는 주

멕시코
멕시코만

1- 로드아일랜드
2- 코네티컷
3- 웨스트버지니아

500 km

인구

북부
2300만 명

남부
1200만 명

병력

북군
210만 명

북부군의 17%에
해당하는 36만 명
사망

남군
88만 명

남부군의 30%에
해당하는 26만 명
사망

출처 : Christian Grataloup (dir.) et Charlotte Becquart-Rousset, *Atlas historique mondial*, Les Arènes / L'Histoire, 2023

을 극심한 모욕과 북부의 '점령'으로 경험했다. 남부연합 지지자들은 남부연합을 '잃어버린 대의Lost Cause'라는 신화로 만들었다. 전쟁에서는 패했지만 정당한 대의를 추구했다는 뜻이다. 전쟁 이전의 세상은 그들에게 황금기였다. 그들이 보기에 노예는 법적 지위가 낮아도 남부에서 행복하게 지낼 수 있었고, 어쩌면 '해방'되기까지 했을지 모른다. 결국 남부군의 깃발은 백인이 영원히 지배하는 남부에 소속되어 있다는 자부심을 상징하게 되었다.

남부연합은 전쟁 이전의 상태를 회복하기 위해 어떻게 했을까?

남부연합은 수정헌법 제13조와 제14조를 피해 가기 위해 '짐 크로 법'을 만들었다. 이 법은 공공장소에서 백인과 유색 인종을 매우 엄격하게 분리하는 것을 허용했다. 그러나 소설에 가까운 사법 논리로 그런 조항들을 정당화했다. 법적으로 두 인종은 '분리하되 동등하다'는 것이다.

1896년 대법원 판사들은 '플레시 대 퍼거슨 사건'에서 어쩔 수 없이 이를 받아들였다. 극심한 반발을 샀던 이 유명한 판결에서 대법원은 공공장소에서 두 인종을 분리하는 것이 타고난 평등에 반하지 않는다고 말했다. 남부 주들이 분리와 평등의 이중 잣대를 적용하는 것이 헌법에 위배되지 않는다는 것이다.

이러한 분리 정책은 구체적으로 어떻게 드러났을까?

분리 정책은 학교는 물론이고 대중교통, 공연장 등 모든 공공장소에 게시되었다. 간단히 말하면, 가능한 곳에서는 어디서나 분리가 이루어졌다. 공원과 수영장에도 "검둥이와 개는 출입 금지"라고 쓰인 팻말이 붙었다. 표현만 봐도 미국 흑인이 당했던 극심한 폭력을 실감할 수 있다. 이 정책은 남부연합에서 수십 년 동안 지속되면서 공화국 내의 모순을 다시 한번 실현했다. 이 정책에 문제가 제기된 것은 1960년대 중반에 와서였다.

그러나 실제로는 분리된 주민들의 평등이란 존재하지 않는다는 사실이 명백했다. 예를 들어, 유색 인종 아동을 위한 학교는 백인 아동이 다니는 학교와는 비교할 수 없이 열악했다. 그러던 1954년, 역사적인 사건이 발생했다. 대법원이 '브라운 대 토피카 교육위원회 재판'의 판결을 번복한 것이다. 판사들은 학교 시설 수준과 상관없이 학교 분리법이 있다는 것 자체가 유색 인종 아동에게 열등감을 불러일으키니 그들의 권익을 침해하는 것이라고 판결했다. 판사들은 당시 새로운 과학 분야였던 심리학과 흑인 아동이 백인 인형을 좋아하고 자신을 닮은 유색 인종 인형은 싫어한다는 실험 결과를 근거로 삼았다. 인종 분리는 헌법이 보장하는 기회의 균등을 침해한다. 대법원의 판결은 남부에서 행해지는 분리 정책에 연방 차원에서 최초로 제동을 건 것이다.

남부연합은 흑인 주민을 투표에서 배제하기 위해 매우 기발한 사법적 장치를 마련하기도 했다. 이번에도 짐 크로 법이 등장했다. 흑인을 배제하려고 일부러 읽기와 쓰기 테스트를 하거나, 할아버지가 유권자이자 시민인 남성에게만 투표권을 주는 '할아버지 조항'을 적용하는 주들이 있었다.

이러한 분리 정책과 유권자 차별 정책은 어떻게 1960년대에 사라졌을까?

미국의 1950~1960년대는 인종을 초월하는 시민 운동이었던 민권 운동이 대규모로 일어난 시기였다. 종교 단체, 노조, 권익 보호 협회 등과 함께 많은 젊은이가 전국 각지에서 거리로 쏟아져 나와 미국의 거대한 모순을 고발했다. 흑인의 정치 및 경제 활동 참여를 주장하며 벌인 시위와

농성

바닥에 앉아서 벌이는 비폭력 시위로 공공장소를 장기간 점거하는 것이 특징이다. 1960년에 미국에서 많은 농성이 일어났다. 흑인 대학생들이 그해 2월부터 흑인에게 출입이 금지된 카페를 점유한 그린즈버러(노스캐롤라이나주)의 대학생들을 따라 농성을 벌인 것이다.

중산층

미국 중산층은 노동자 계층과 다르다. 중산층은 대학을 나왔고 사무직 종사자인 화이트칼라다.

게리맨더링

'게리Gerry'와 '샐러맨더salamander'의 합성어로, 1811년 매사추세츠주의 선거구 재조정을 조롱하는 표현이다. 당시 주지사였던 엘브리지 게리는 대통령 선거에서 자기 정당(공화당)에 유리한 결과를 내고 싶어 했다. 당시 이 '선거구 도살장'의 대상이 되었던 선거구들을 전설상의 괴물 샐러맨더로 풍자한 만화가 등장했다.

농성은 매우 폭력적인 상황에서 벌어졌다. 시위자들은 개의 공격을 받거나 물대포를 맞았다. 여러 번 투옥된 사람들도 나왔다. 마틴 루서 킹이 그 예이다. 그는 로사 파크스, 맬컴 엑스, 서굿 마셜 등과 함께 민권 운동을 대표하는 인물이었다. 민권 운동이 주 경계를 넘어 확산되는 상황에서 남부 출신의 운동가들은 북부에서도 인종차별과 흑인의 완전한 사회 통합에 대한 저항이 매우 강력하다는 사실에 놀랐다. 마틴 루서 킹은 북부 대도시에서 벌어지는 일부 백인 주민의 폭력이 남부의 길거리에서 익숙하게 경험했던 폭력 못지않다고 말했다. 아무튼 민권 운동으로 1964년과 1965년에 중요한 법 두 개가 마련되었다. 이로써 남북전쟁이 끝나고 100년 만에 흑인은 완전히 사회에 통합되었다.

1960년대 이후 흑인에 대한 처우는 크게 개선되었다. 버락 오바마는 1970년대에 들어설 무렵 출현한 미국 중산층이 그 결실이라고 자주 언급한 바 있다. 그러나 아직 할 일이 많이 남아 있다. 21세기에도 흑인 빈민층은 경제적 소외와 부당한 사법 판결을 경험하고 있기 때문이다. 흑인의 실업률과 수감률이 매우 높고, 특히 백인과 비교했을 때 훨씬 높다. 이러한 사실 외에도 20년 전부터 매우 교묘한 '게리맨더링' 장치가 부활하고 있다. 게리맨더링의 목적은

선거구를 다시 정하고 투표소를 재배치해서 백인 유권자
의 표가 결과에 더 많이 반영되도록 하는 것이다. 어떤 주
에서는 선거 기간에 신분증 검사를 강화하기도 하고, 형사
처벌을 받았거나 채무가 있는 사람에게는 투표권을 제한
하는 조치를 되살리기도 했다.

오늘날 선거구 재조정의 피해자는 흑인이 유일할까?

전문가들은 선거구 재조정이 흑인만 겨냥하고 있다고 입
을 모아 말한다. 이는 남부에 국한된 현상이 아니다. 오늘
날의 미국에서는 국부들이 말했던 진정한 평등을 이루는
것이 매우 어렵다. 최근 이루어진 선거구 재조정은 19세기
와 20세기에 커다란 발전을 이룬 민주주의를 쓰러뜨리는
것을 한 번도 포기하지 않은, 인종차별주의적인 미국의 귀
환을 말해준다고 생각하는 사람이 많다.

샐리 헤밍스 Sally Hemings (1773년경~1835)

버지니아주 출생인 샐리 헤밍스는 대농장주이자 노예상이었던
존 웨일스와 베티 헤밍스 사이에서 태어났다. 아버지로 인해
절반은 유럽인이었지만 어머니처럼 노예로 살았다. 1773년에
아버지 웨일스가 죽자 그의 사위인 토머스 제퍼슨의 소유가
되었다. 1787년 열네 살이 된 헤밍스는 폴리 제퍼슨을 따라
토머스 제퍼슨이 미국 대사로 가 있는 파리로 갔다. 혁명이
일어난 프랑스에서 자유의 몸이 될 수도 있었을 텐데 당시
제퍼슨의 아이를 가진 헤밍스는 미국으로 돌아왔다. 아이가
성인이 되는 해에 자유로운 몸이 되도록 해준다는 약속을 받은
뒤였다. 1790년대에 제퍼슨의 정적들은 헤밍스가 그의 첩이라고
폭로했다. 1826년 제퍼슨이 사망하자 그의 장녀가 헤밍스를
팔아넘기지 않기로 하면서 헤밍스는 사실상 자유의 몸이 되었다.
그녀는 샬러츠빌에서 해방 노예인 아들 두 명이 지켜보는 가운데
생을 마감했다. 샐리 헤밍스의 공식 혹은 인증된 초상화는 남아
있지 않다.

서굿 마셜 Thurgood Marshall (1908~1993)

서굿 마셜은 1920년대에 대학에서 법학을 전공하면서 인종차별
문제에 관심을 갖기 시작했다. 1933년 미국 최대의 민권 보호
단체인 '전미 유색인 지위 향상 협회(NAACP)'에 참여했고,
그렇게 해서 역사적인 투쟁의 전설이 되었다. 1952~1954년 그는
대법원을 설득해서 학교 내 인종 분리를 종식시켰다. 그리고
아칸소주 리틀록에 있는 센트럴 고등학교에 아홉 명의 흑인

학생을 최초로 입학시키기 위한 투쟁을 벌였다. 1961년에 존 F. 케네디가 그를 항소재판소 판사로 임명했고, 1965년에는 린든 B. 존슨 대통령이 그를 송무차관에 임명했다. 2년 뒤 마셜은 미국 최초의 흑인 대법원 판사가 되었다. 그를 임명한 존슨 대통령은 "그것은 해야 할 일이었고, 해야 할 때였으며, 그는 필요한 자리에 필요한 사람이었다"라고 말했다. 마셜은 자신의 신념을 저버리지 않고 1991년 건강상의 이유로 대법원을 떠날 때까지 소수자의 권리를 위해 줄기차게 싸웠다.

미합중국 헌법 권리장전(1791)

제1조

의회는 국교를 정하거나 자유로운 종교 행위를 금지하는 법을 제정해서는 안 된다. 또 표현의 자유 또는 출판의 자유를 제한하거나 국민이 평화적으로 집회할 수 있는 권리와 고충 처리를 위해 정부에 청원할 수 있는 권리를 제한하는 법을 제정해서는 안 된다.

제2조

잘 조직된 민병대는 자유 국가의 안전에 필요하므로 총기를 소장하고 휴대하는 국민의 권리는 침해될 수 없다.

제3조

평시에 군인은 주인의 동의 없이 민간인의 집에 거할 수 없고, 법이 정한 방식이 아니면 전시에도 거할 수 없다.

제4조

불합리한 압수와 수색에 대해 신체, 자택, 서류, 물건을 확보할 시민의 권리는 침해될 수 없고, 선서 혹은 엄숙한 진술로 상당하다고 인정되는 심각한 혐의가 있지 않으면 영장은 발부될 수 없다. 영장은 또한 수색할 장소, 인물 또는 압류할 물건에 관한 자세한 기술이 없으면 발부될 수 없다.

제5조

배심원단의 고발 또는 공소 제기가 없으면 그 누구도 사형이나 중죄에
해당하는 범죄에 관한 심문에 응할 의무가 없다. 단, 전시 또는 공공의
위험이 발생했을 때 육군이나 해군 또는 민병대 복무 중 저지른
범죄는 예외다. 그 누구도 동일한 범죄에 대하여 생명이나 신체가 두
번 위협받을 수 없다. 형사 사건에서 자신에게 불리한 증언을 하도록
강요받을 수 없으며, 적법한 절차에 의하지 않으면 생명, 자유, 재산을
박탈당할 수 없다. 정당한 보상이 없으면 공공의 이익을 위해 그 어떤
사유재산도 수용될 수 없다.

제6조

모든 형사 소송에서 피고인은 범죄가 일어난 주와 특별구 — 특별구는
법에 의하여 미리 결정되어 있다 — 에 거주하는 공명정대한
배심원단에 의하여 신속하고 공개적으로 재판을 받을 권리가 있다.
또한 혐의의 성격과 이유를 통보받을 권리, 자신에게 불리한 증인과
대질할 권리, 법적 수단을 통하여 자신에게 유리한 증인을 부를 권리,
변호를 위해 변호인의 조력을 받을 권리가 있다.

제7조

분쟁의 가치가 20달러를 넘어서는 보통법상 소송에서는 배심원에
의한 공판을 받을 권리가 보장된다. 배심원이 심리한 사실은 보통법의
규정에 의하는 것 외에는 미국의 법원에서 재심받지 않는다.

제8조

과도한 보석금, 과도한 벌금, 잔인하고 이례적인 형벌은 부과될 수

없다.

제9조
헌법에 일부 권리가 열거된 사실이 국민이 보유한 여타 권리를
부인하거나 제한하는 것으로 해석되어서는 안 된다.

제10조
헌법에 의하여 미국에 위임되지 않았거나 각 주가 거부하지 않은
권한은 각 주 또는 국민이 갖는다.

주 : 현재 미국 헌법은 27개의 수정 조항을 담고 있다. 위에 열거된 첫 10개의 수정 조항이
권리장전이 되었고, 1791년 12월 15일에 비준되었다.
출처 : 미국 국가문서기록관리청(NARA)

브라운 대 토피카 교육위원회 재판 판결문(1954) 중에서

(···) 오늘날 교육은 주 정부와 카운티 정부가 맡은 가장 중요한 기능일
것이다. 의무교육법 제정과 높은 교육비 지출은 민주주의 사회에서
우리가 교육의 중요성을 인정하고 있음을 보여준다. 교육은 시민권의
근간이다. 오늘날 아동에게 교육받을 기회는 주지 않고 성공적인 삶을
살라고 합리적으로 기대하기 어렵다. 그러한 기회는 국가가 그것을
보장했다면 모든 이에게 평등하게 주어져야 할 권리다. 그래야 우리는
주어진 질문에 도달할 수 있다. 공립학교에서 인종이라는 기준만
가지고 아동을 분리하면, 물리적 시설과 여타 가시적인 요소들은

평등할 수 있어도 소수 집단에 속하는 아동에게 가시적인 교육의 가능성을 빼앗는 것일까? 우리는 그렇다고 생각한다.

공립학교에서 백인 아동과 유색 인종 아동을 구분하는 것은 유색 인종 아동에게 부정적인 효과를 낳는다. 인종 분리 정책은 일반적으로 흑인의 열등성을 의미하는 것으로 해석되기 때문이다. 열등감은 아동의 학습 의욕을 깎아내린다. 따라서 인종 분리는 흑인 아동의 교육 발전과 정서 발달을 늦추고, 통합적인 교육 시스템에서 얻을 수 있을 혜택 일부를 빼앗는 경향이 있다.

플레시 대 퍼거슨 사건에 대한 판결이 내려질 당시 심리학 지식의 폭이 얼마나 넓었든 간에, 이러한 새로운 발견은 오늘날 권위 있는 학계에 의해 충분히 뒷받침된다. 이와 상반된 플레시 대 퍼거슨 사건 판결문의 내용은 모두 거부된다. 우리의 결론은 공공 교육 분야에서 '분리되었으나 평등하다'라는 교리가 자리 잡을 수 없다는 것이다. 인종을 분리하는 교육 제도는 본질적으로 불평등하다. 따라서 우리는 이 소송의 당사자인 원고 및 비슷한 상황에 처한 모든 사람이 수정헌법 제14조가 보장하는 법의 평등한 보호를 박탈당하였다고 단언한다.

출처 : 미국 국가문서기록관리청

1898

제국의 유혹

우리는 우리를 신뢰한 민족을 속여
짓밟았습니다. 우리는 나약하고 의지할 곳 없는
민족들에게 해를 끼쳤습니다. 우리는 공정하고
지성적이며 잘 조직된 공화국을 파멸시켰습니다.
우리는 동맹의 등에 칼을 꽂았고, 초대한
손님의 뺨을 때렸습니다. 우리는 적의 그림자를
샀습니다. 우리는 우리를 믿는 친구의 땅과 자유를
훔쳤습니다. 우리는 미국의 영예를 추락시키고,
세상 앞에서 미국의 얼굴에 먹칠을 했습니다.
_마크 트웨인

**왜 마크 트웨인은 1901년 미국에 대해 이런 악평을
했을까?**

마크 트웨인은 19세기 영미권 작가 중 가장 위대한 작가
였다. 그는 영어를 재창조했고, 지금도 상식에 속하는 매
우 유명한 소설 속 인물들을 만들어냈다. 톰 소여와 허클
베리 핀을 모르는 사람이 있을까? 19세기 말, 마크 트웨인
은 공개적인 발언도 서슴지 않는 위대한 지식인이었다. 그
는 1901년 다른 지식인들과 마찬가지로 공화국이 국부들

의 이상과 너무 멀어진다고 생각했다.

강하고 활달한 주인공 톰 소여처럼 마크 트웨인도 당당하고 자유로운 인물이었다. 그는 건국의 아버지들이 구상했던 초기 공화국인 농경 국가와 검소한 국가에 큰 애착을 가졌다. 건국의 아버지들은 미국이 영원히 농업 국가로 남기를 분명 바랐을 것이었다. 그런데 남북전쟁이 끝나고 마크 트웨인은 미국이 매우 빠른 속도로 현대화되는 모습을 안타까운 눈으로 지켜보았다. 엄청나게 큰 도시와 자본주의를 따르는 대기업들이 1870년대와 1880년대에 많이 늘어났다.

이러한 사회적·경제적 혼란이 쌓이자 마크 트웨인은 이를 묘사하기 위해서 1874년에 후대에 길이 남을 표현을 만들어냈다. 바로 '도금 시대Gilded Age'다. 그는 많은 미국인이 선조들과는 다르게 부를 축적하고 소비할 생각만 한다고 한탄했다. 그는 1900년에 뉴욕에 화려한 빌딩을 짓는 백만장자들을 증오했고, 그들보다 50년 전 서부 개척을 위해 떠났던 개척자들을 좋아했다. 국제관계에서도 초기 대통령들이 고수했던 '고립주의'를 포기하려는 것을 보고 미국 지도자들을 안타까워했다.

도금 시대
1920년대 이후 역사학자들은 마크 트웨인의 '도금 시대'라는 표현을 빌려, 1870년대 말에서 1890년대 말에 이르는 시기의 미국을 정의했다. 도금 시대의 특징은 높은 경제 성장, 대규모 이민, 그리고 불평등 심화다.

미국은 공화국 초기에 왜 고립주의를 택했을까?

1787년 군주국과 제국으로 이루어진 세계에서 미국 공화국이 예외적으로 탄생했다. 건국의 아버지들에게 우선순위는 영국을 비롯한 수많은 적에 맞서 벌이는 새로운 실험을 지켜내는 것이었다. 몇 년 뒤 발발한 프랑스 대혁명의 혁명주의자들과 달리 미국인들은 공화국을 수출할 생각은 하지 않았다. 그러나 되돌아보면, 당시 미국의 보편주의는 청교도 주지사 존 윈스럽이 마태복음에서 가져온 이미지로 압축된다. 그것은 바로 누구에게나 보이는 '언덕 위의 도시A City upon a Hill'다. 나머지 세상이 미국의 정치 모델과 공화국 가치를 따를 수 있도록 미국은 먼저 국내에서 완벽한 사회를 건설해야 했다.

1820년대에 미국 지도자들은 자신들의 상황이 건국의 아버지들과 비슷하다고 판단했다. 나폴레옹의 추락과 빈 회의(1814~1815) 이후 유럽의 군주국들이 완전히 재건된 듯 보였다. 이 군주국들은 미래를 확신하고 식민지 개척이라는 새로운 모험에 나섰다. 1823년 제임스 먼로 대통령은 미국이 공화국으로 남고 싶다면 비즈니스 세계와 거리를 두어야 한다고 말했다.

현대화 시기에 이 '먼로주의'에 관한 합의를 흔드는 요소들이 나타났다. 1890년 서부 개척 시대가 막을 내렸다. 원주민이 대부분 보호구역에 갇히게 되었고, 미국 당국은 '미개척지Frontier'는 이제 존재하지 않는다고 선언했다. 공화국의 첫 100년을 함께했던 개척자 정신이 사라지고 있었다.

일각에서는 영토 확장과 '문명화' 작업이 끝났다면 공화국이 민주주의 가치를 다른 곳에 전파해야 할 때가 아닌가 의문을 제기했다. 1898년 미국 정부는 결국 먼로주의와 결별했다. 스페인 제국의 굴레에서 벗어나려는 쿠바의

제임스 먼로James Monroe(1758~1831)

미국의 제5대 대통령으로 1817~1825년 재임한 제임스 먼로는 '미주리 타협'과 자신의 이름을 딴 '먼로주의'로 역사에 길이 남았다. 1820년 채택된 미주리 타협은 노예 제도를 찬성하는 주와 반대하는 주의 갈등을 잠재웠다. 노예 제도를 지지하는 미주리주가 연방에 가입하자 상원 내 양측의 균형을 이루기 위해, 노예 제도를 반대하는 메인 지구가 매사추세츠주에서 분리되어 메인주가 되었다. 미주리 타협은 연방에 가입한 새로운 주가 북위 36도 30분 이남에 위치할 경우 노예 제도를 허용할 수 있도록 했다. 1823년 12월, 연방에 관한 연설 도중 나온 먼로주의는 미국의 국내 사안에 유럽이 간섭하는 것과 유럽 사안에 미국이 간섭하는 것을 모두 반대했다.

민주화 운동을 돕는다는 명목으로 외국 땅에 군대를 파병한 것이다. 이러한 미국의 신新간섭주의가 고립주의와 똑같은 공화국 가치에 의해 정당화되었으니 모순이 아닐 수 없다.

도금 시대의 자본주의 대기업들

19세기 후반 남북전쟁과 서부 개척으로 미국의 산업화가 가속화했다. 먼저 철도 회사에서 현대적인 조직화와 경영이 탄생했다. 이례적인 규모의 대기업들이 채굴, 산업, 기반 시설 건설, 서비스 등 경제의 모든 부문에서 출현했다. 또 화학 및 전자 부문의 대기업들이 세계에서 가장 큰 규모의 연구소를 만들었다.

19세기 말에 대기업을 이끄는 경영자들이 '강도 남작들robber barons'이라 불리면서 언론과 참여문학에 묘사되기 시작했다. 근대 유럽사에서 빌려온 이 표현은 노동자를 착취하고 독점을 행사하는 등 부정한 방법으로 부를 축적한 사업가들을 묘사하는 데 사용되었다. '강도 남작들'은 목적을 달성하기 위해 상원에 돈을 쏟아붓고, 미국 정치계에 영향력을 행사하려 했다. 사람들은 이 백만장자들이 넓은 의미의 민주주의에 심각한 위험이 된다고 비난했다. 착취와 부패가 미국 국내에만 한정되지 않았기 때문이다. 1904년 작가 오 헨리는 온두라스와 과테말라가 유나이티드 프루트 컴퍼니United Fruit Company 경영자들 앞에서 꼼짝도 못 하는 '바나나 공화국'이라고 표현했다.

서부 개척

1760-1912

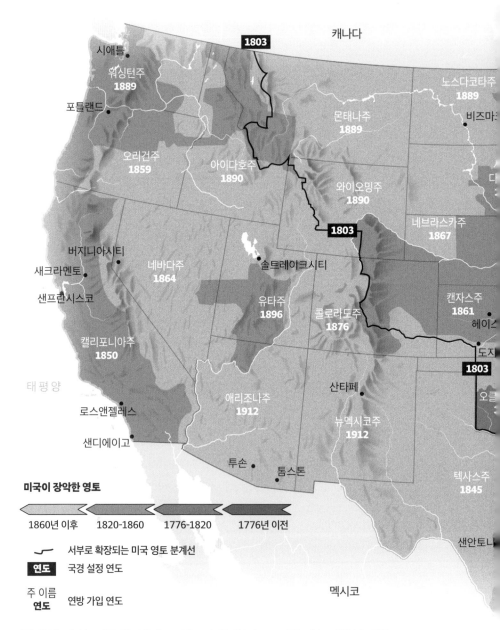

캐나다

1803

시애틀

워싱턴주
1889

노스다코타주
1889

포틀랜드

비즈마크

몬태나주
1889

오리건주
1859

아이다호주
1890

와이오밍주
1890

네브래스카주
1867

1803

버지니아시티

새크라멘토

네바다주
1864

솔트레이크시티

샌프란시스코

유타주
1896

콜로라도주
1876

캔자스주
1861

헤이스

도지

1803

태평양

캘리포니아주
1850

애리조나주
1912

산타페

오클

로스앤젤레스

뉴멕시코주
1912

샌디에이고

투손

톰스톤

텍사스주
1845

미국이 장악한 영토

1860년 이후	1820-1860	1776-1820	1776년 이전

서부로 확장되는 미국 영토 분계선

연도 국경 설정 연도

주 이름
연도 연방 가입 연도

샌안토니

멕시코

출처 : Christian Grataloup (dir.) et Charlotte Becquart-Rousset, *Atlas historique mondial*, Les Arènes / L'Histoire, 2023

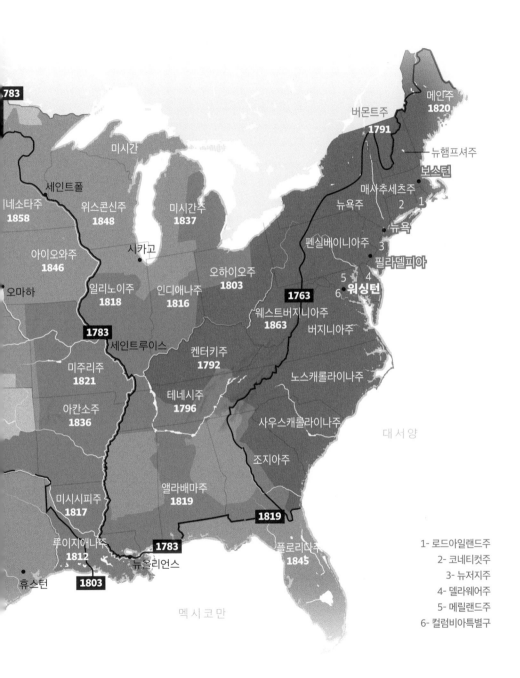

783

메인주
1820

버몬트주
1791

뉴햄프셔주

미시간

보스턴

세인트폴

네소타주
1858

위스콘신주
1848

미시간주
1837

매사추세츠주

뉴욕주

2 1

뉴욕

펜실베이니아주

3

아이오와주
1846

시카고

오하이오주
1803

필라델피아

오마하

일리노이주
1818

인디애나주
1816

5 4

워싱턴

6

1763

1783

세인트루이스

웨스트버지니아주
1863

버지니아주

미주리주
1821

켄터키주
1792

노스캐롤라이나주

아칸소주
1836

테네시주
1796

대 서 양

사우스캐롤라이나주

미시시피주
1817

앨라배마주
1819

조지아주

루이지애나주
1812

1819

1783

플로리다주
1845

휴스턴

1803

뉴올리언스

멕 시 코 만

1- 로드아일랜드주
2- 코네티컷주
3- 뉴저지주
4- 델라웨어주
5- 메릴랜드주
6- 컬럼비아특별구

그렇다면 20세기에 들어설 무렵 미국은 간섭주의를 표방하게 되었는가?

많은 역사학자가 1898년의 미국-스페인 전쟁이야말로 미국의 확장주의를 낳았다고 평가한다. 당시 미국은 여러 대륙에 군대를 배치해서 최강대국의 역할을 어느 정도 수행했다. 국외 개입이 있을 때마다 지도자들은 쿠바에 개입했던 이 전쟁에서 만들어낸 '정당한 전쟁'이라는 논리를 앞세웠다.

전 세계에 민주주의를 확장할 수만 있다면 힘과 폭력을 사용해도 무방했다. 1917년 미국이 제1차 세계대전에 참전할 당시 토머스 우드로 윌슨 대통령은, 유럽에 민주주의를 영원히 뿌리내리게 하고 모든 권위주의 제국을 사라지게 할 마지막 전쟁이 될 것이라 선언했다. 1941년 미국이 제2차 세계대전에 뛰어들었을 때와 베트남 및 중동에 개입할 때도 정확히 같은 논리가 사용되었다.

국외에서 벌어진 군사 작전에서 미국은 세계 시민들의 눈에 완벽한 민주주의 국가로 비치기를 바랐다. 그래서 미국의 다양성을 상징할 수 있는 특별한 군대를 내세웠다. 쿠바에서 전쟁을 벌일 당시 시어도어 루스벨트가 지휘한 의용 기병대Rough Riders가 전설이 되면서 당시 미국인들이

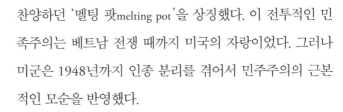

찬양하던 '멜팅 팟melting pot'을 상징했다. 이 전투적인 민족주의는 베트남 전쟁 때까지 미국의 자랑이었다. 그러나 미군은 1948년까지 인종 분리를 겪어서 민주주의의 근본적인 모순을 반영했다.

1948년까지 현지에서 전쟁을 수행하는 것이 '미국의 딜레마'가 되었다. 이 표현은 스웨덴 경제학자 칼 군나르 뮈르달Karl Gunnar Myrdal이 1944년 발표한 책에서 언급했다. 제2차 세계대전 당시 흑인들을 전쟁터로 보내 일본과 나

멜팅 팟

'모든 것이 뒤섞이는 용광로'를 뜻하는 멜팅 팟은 각 민족의 서로 다른 전통이 융합된 하나의 '미국' 문화로 모든 이민자가 통합되는 것을 비유한 표현이다. 보편주의를 상징하는 멜팅 팟은 그러나 원주민의 고립이나 인종 분리 문제는 포함하지 않음으로써 분명한 한계를 드러낸다.

시어도어 루스벨트Theodore Roosevelt(1858~1919)

1901년 윌리엄 매킨리 대통령의 암살 직후 대통령직에 오른 공화당 출신의 부통령 시어도어 루스벨트는 1904년에 대통령으로 선출되었고, 1912년에는 재선에 실패했다. 미국-스페인 전쟁의 영웅이었던 그는 미국의 개척자들이 보여준 남성적 가치를 강력하게 주장하면서 전설이 되었다. 그러나 그는 상류층 출신으로 수준 높은 교육을 받았으며 몸이 쇠약한 인물이었다. 대통령 재임 시절 독점 철폐와 이민 제한에 공을 들였고 환경 정책을 마련하려 애썼다. 대외적으로는 라틴아메리카 내 자국 영토의 경제적 이익을 보호하고 군사적 보복 위협을 가했다. 아프리카 속담인 "부드럽게 말하고 큰 막대기를 들어라"를 인용한 것으로 유명하다. 그는 오랫동안 공화당의 영웅이었다. 많은 공화당 후보자가 루스벨트의 유산을 물려받았다고 주장했다.

미국의 영토 확장

연도 ⬅ ✿ 육상 또는 해상 군사 개입 연도

미국에 속한 영토

◆ ● 보호령
◆ ● 구매
◇ ○ 병합
⬅➡ 캘리포니아-아시아 해상로 장악

연도 영토 확장 연도

알래스카 **1867**

쿠바 **1898**

미국-스페인 전쟁 1898
미국의 제1차 세계대전 참전 1917

미국

아이티 **1915**

푸에리코 **189**

버진제도 **191**

도미니공화국 **1915**

1916 ✿
멕시코
1914 ✿

니카라과 **1912**

파나마 **1904**

파나마 운하 **1903**

1908-1918
중앙아메리카에 대한 일련의 개입

한국
1871
중국
1859

일본
1853

미드웨이 환초 **1876**

하와이 **1898**

웨이크섬 **1899**

존스턴 환초 **1898**

팔미라 환초 **1898**

괌 **1898**

필리핀 **1898**
1898
미국-스페인 전쟁

사모아 **1900**

태평양

출처 : Christian Grataloup (dir.) et Charlotte Becquart-Rousset, *Atlas historique mondial*, Les Arènes / L'Histoire, 2023

치 독일을 상대로 민주주의를 수호하도록 한 미국은 정작 남부에서는 흑인에게 투표권과 통행의 자유를 박탈했다.

미국은 당시 유럽 강대국들과 비슷한 제국주의 국가였을까?

제국주의
한 국가의 힘이 국경을 넘어 확장되는 것이다. 제국주의는 식민지 지배의 형태를 띨 수도 있고, 불평등한 무역 협정을 강제하거나 해외에 다국적 기업을 배치하는 등 간접적인 형태로 나타날 수도 있다.

물론 그렇다. 그러나 미국인들은 스스로 제국주의자라고 여기지 않는다. 1898년 쿠바에 대한 군사 개입은 반제국주의 진영의 지식인들에게 비난을 받았다. 마크 트웨인은 공개적으로 지도자들을 비판하면서, 그들이 순수한 제국주의적 동기를 가졌으면서도 민주주의 논리를 악용해 미국 국민을 조종했다고 주장했다. 그러나 마크 트웨인과는 조금 다른 해석을 하는 역사학자가 많다. 그들은 당시 미국 사회에 '미국 예외주의'와 '문명화' 사명에 대한 믿음이 팽배했음을 원인으로 지목한다.

실제로 미국의 공공 영역과 정치 영역에서 종교의 무게를 과소평가하면 안 된다. 미국은 종교적 중립을 표방하는 국가도 아니고, 교회의 기능을 민간에 이양하지도 않았다. 지금도 미국 대통령은 성경에 손을 얹고 선서하며, 모든 연설을 공식 표어인 '우리가 믿는 신 안에서In God we trust' 로 끝낸다.

메시아 사상
훌륭한 공화제 모델을
전 세계에 퍼뜨리는 것이
미국의 '명백한 운명
manifest destiny'이라는
믿음이다. 신이 '선택한'
민족인 미국인들이
완성해야 할 사명이
있다는 것이다.

20세기 내내 미국의 정치, 노조, 단체의 지도자 대다수는 미국이 세계에서 메시아 역할을 하도록 부름을 받았다고 진심으로 믿었다. 제1차 세계대전이 끝나고 '마지막 전쟁'과 유명한 '14개조 평화 원칙'을 외친 윌슨 대통령은 '영원한 평화'라는 이상을 실현하고자 했다. 여론도 마찬가지였다. 공산주의가 반기독교적인 악이라고 믿은 많은 미국인이 처음에는 '절대 악'을 물리치기 위한 미군을 베트남에 파병하는 것이 정당하다고 생각했다.

이 말은 역사학자들이 순진하지 않았고 옳았다는 뜻이다. 역사학자들은 1898년부터 미국의 중앙아메리카 군사 개입이 사실 경제적 이익을 위해 일어났고, 현지 주민의 압제로 이어졌다는 것을 증명했다. 아메리카 대륙의 나머지 지역에서 이루어진 미국의 인도적 개입도 경제적 목적 때문이었다. 여러 인도주의 재단들은 질병을 퇴치하면서 '바나나 공화국'에서 천연자원 채굴을 가속화했다. 그로 인해 최종적으로 이익을 얻는 것은 유나이티드 프루트 같은 미국의 농식품 대기업들이었다. 그러나 이러한 활동을 단지 경제적인 계산으로만 축소 해석하고 그런 활동이 담고 있는 종교적 차원을 부정하는 것 또한 부조리할 것이다.

베트남 전쟁은 왜 대규모의 반대를 불러일으킨 최초의 국외 전쟁이 되었을까?

베트남 전쟁(1955~1975)이 미국 역사상 마지막 징병 군인들의 전쟁이라는 사실을 기억하자. 베트남에서 싸우기 위해 대규모로 징집된 청년들은 베트남에서 민주주의의 모순과 부조리에 부딪혔다. 그들은 대다수가 미국의 빈민층 출신이었다. 학력이 높고 재산이 많은 사람은 군대를 피해 갈 수 있었다. 이번에도 흑인 징집병들은 자신들과 상관없는 전쟁을 하고 있다는 느낌을 강하게 받았다. 베트남의 '수렁'에 빠져들수록 병사들은 전쟁의 실질적인 목적을 알 수 없었다. 그러자 탈영과 마약 사용이 증가했다. 흑인 병사들은 머리 자르는 것을 거부하고 아프리카식 머리를 자랑스럽게 고수하면서 군대의 규칙을 따르지 않았다. '정당한 전쟁'의 신화가 산산이 부서지고 있었다.

같은 시기에 미국 정부가 전쟁을 연장하기 위해 여러 차례 거짓말을 했다는 내부고발이 있었다. 많은 시민이 정부가 자신들을 불공정한 전쟁에 끌어들였다고 생각하기 시작했다. 과거 민주주의의 이름으로 전쟁을 하기 위해 시민을 징집할 수 있었던 미국의 승리 문화가 이제 한계에 다다른 것이다. 이제 참전 용사들은 '루저'로 낙인찍히고 과거처

내부고발자
노동 분야에서 내부고발자는 근무 중 알게 된 비도덕적이고 불법적인 행위를 폭로한 근로자를 말한다. 회사 내부에서 고발하는 사람도 있고, 언론에 정보를 제공하는 사람도 있다.

럼 대접받을 수 없을 것이었다.

1975년 미국이 패전하자 혼란이 가중되었다. 타격을 입은 군대는 직업 군인 제도를 시행했다. 동시에 시민들은 과거에 벌어졌던 다른 전쟁들도 베트남 전쟁처럼 허위 명목으로 벌어진 것이 아닌지 의문이 들었다. 1917년에 윌슨 대통령이 유럽에서 새로운 시장을 찾아내라는 은행가와 기업가들의 압력을 받았던 게 아닐까? 1941년 봄 영국에 재정 지원을 하는 내용을 담은 무기대여법 제정 이후 루스벨트 대통령이 경제적 이유만으로 미국을 전쟁에 몰아넣은 것은 아닐까? 이런 의문들이 오늘날의 신고립주의의 뿌리가 되었다.

베트남에서 실패한 미국이 민주주의의 이름으로 다른 전쟁을 계속 벌인 것은 어떻게 설명할까?

마이클 로긴Michael Rogin의 연구가 이 문제를 잘 설명해 준다. 그는 건국의 아버지 시대부터 미국 지도자들이 국내외의 적들을 늘 특별하고 악한 힘을 가진 '악마'로 소개했다는 사실을 증명했다. 20세기 초부터 미국과 먼 곳에서 벌어지는 폭력적인 전쟁에 파병을 하면서도 정부는 공화국의 가치뿐만 아니라 늘 약하다고 인식됐던 공화국의 존립 자체를 보호할 필요가 있다며 전쟁을 정당화했다. 적을 '악마화'하는 것은 미국이 왜 1970년대 이후로 긴 전쟁을 벌였는지 일부 설명해준다. 2003년 이라크 전쟁(제2차 걸프 전쟁) 초기에 사담 후세인은 또 다른 히틀러로 그려졌다. 미국 정부는 그가 세계에서 두 번째로 규모가 큰 군대의 수장이라고 주장하기까지 했다.

이러한 악마화에는 경제적이고 동시에 종교적인 요소들이 숨어 있다. 조지 W. 부시 대통령의 이라크 파병 결정은 엄청난 경제적 이익과 겹치는 문제였던 것이 사실이다. 파병으로 인해 미국의 거대 다국적 기업들이 현지에 더 용이하게 자리 잡을 수 있었기 때문이다. 석유 산업에 장비와 용역을 제공하는 기업인 할리버튼이 그 예다. 그러나 부시 대통령은 그의 측근과 공화당 지지자 대다수처럼 미국이 이슬람 세계에 민주주의를 확산해야 하는 사명을 가졌다고 진심으로 믿은 것도 사실이다. 1898년 쿠바에 개입했던 미국-스페인 전쟁 이후 메시아 사상은 자본주의, 그리고 미국의 지정학적 이익과 늘 함께했다.

존 윈스럽의 〈언덕 위의 도시〉(1630) 중에서

(…) 이것이 신과 우리 사이의 대의입니다. 우리는 이 일을 위해 신과 연맹을 맺었습니다. 우리는 맹세했습니다. 주님은 우리가 우리의 조항들을 마련하는 것을 허락하셨습니다. 우리는 이 목적을 위해 그 조항들을 이행할 것을 약속했습니다. 우리는 신의 은혜를 구했습니다. 주님이 우리의 기도를 들으시고 우리가 원하는 곳까지 우리를 평화롭게 이끄셨다면 이 연맹을 재가하고 우리의 맹세를 확인하신 것입니다. 주님은 그 맹세에 담긴 조항들을 우리가 엄격히 준수할 것을 기대하십니다. 만약 우리가 제안한 목적인 그 조항들을 지키지 않는다면, 그리고 우리가 신에게서 멀어지면서 추락하여 현세를 믿고 육체적인 목적을 추구하며 우리 자신과 후손을 위한 큰 재산만 추구한다면 주님은 우리에게 화풀이를 하실 것입니다. 주님은 그런 민족에게 복수하고 연맹을 깬 대가를 치르게 하실 것입니다. 그러한 좌초를 피하고 우리의 후손을 지키는 유일한 방법은 미가의 조언을 따르고, 공정하게 행동하며, 동정심을 사랑하고, 겸손한 마음으로 신과 함께 걷는 것입니다. 따라서 우리는 이 일을 하면서 마치 한 사람처럼 뭉쳐야 합니다. 우리는 형제애를 가지고 서로를 대해야 합니다. 우리는 우리에게 남아도는 것을 버리고 타인에게 생존 수단을 제공할 준비가 되어 있어야 합니다. 우리는 상호 교역을 할 때 친절함과 부드러움, 참을성과 자비로움을 갖춰야 합니다. 우리는 서로 기뻐해야 하고, 이웃처럼 살아야 하며, 함께 웃고 함께 울며 함께 일하고 함께 괴로워해야 합니다. 그러면서 우리가 이루어야 할

과업에서 늘 우리의 맹세를 기억하고, 우리의 공동체를 한 몸처럼 여겨야 합니다.

우리는 그렇게 해서 평화에 대하여 하나의 정신을 유지할 수 있습니다. 주님은 우리의 신이시고 그가 자신의 몸처럼 선택한 우리 중에 거처하는 것을 기뻐하실 것입니다. 신은 우리가 하는 모든 행동을 축복하시고, 우리는 신의 지혜, 신의 권능, 신의 선함, 신의 진리를 과거보다 더 많이 증언할 것입니다. 우리는 우리 중 열 명이 적 천 명과 맞설 수 있을 때 이스라엘의 신이 우리 중에 거하심을 알 것입니다. 그가 우리를 그의 찬양과 영광으로 만들 때, 사람들이 새로운 식민지에 대해 "주님이 뉴잉글랜드처럼 식민지를 만드시기를!"이라고 말할 때 그것을 알게 될 것입니다. 우리는 우리 자신을 언덕 위의 도시처럼 생각해야 하기 때문입니다. 모든 이의 눈이 우리를 향합니다. 그래서 만약 우리가 계획하는 일 중에 신에게 거짓으로 행하여 신의 구원을 잃는다면 우리는 온 땅의 웃음거리가 될 것입니다. 우리는 적의 입을 열어 그들이 주님의 길과 주님을 믿는 모든 이에 대해 욕하도록 할 것입니다. 우리는 신을 섬기는 많은 자에게 수치심을 줄 것이며 그들의 기도를, 우리에 대한 저주를 바꿀 것입니다. 우리가 걸어가는 올바른 길에서 사라질 때까지 말입니다.

(…)

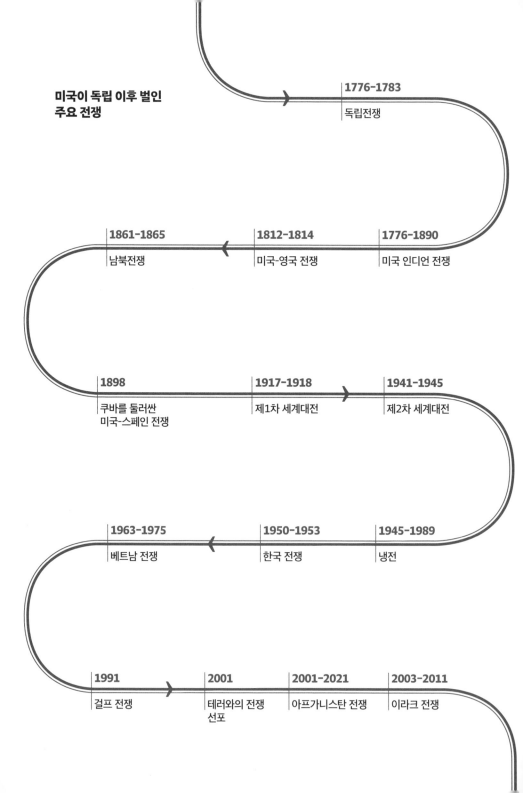

**미국이 독립 이후 벌인
주요 전쟁**

1776-1783

독립전쟁

1861-1865

남북전쟁

1812-1814

미국-영국 전쟁

1776-1890

미국 인디언 전쟁

1898

쿠바를 둘러싼
미국-스페인 전쟁

1917-1918

제1차 세계대전

1941-1945

제2차 세계대전

1963-1975

베트남 전쟁

1950-1953

한국 전쟁

1945-1989

냉전

1991

걸프 전쟁

2001

테러와의 전쟁
선포

2001-2021

아프가니스탄 전쟁

2003-2011

이라크 전쟁

1941

고립주의여
안녕

이 나라를 전쟁으로 내몬
가장 중요한 세 집단은 영국인, 유대인, 그리고
루스벨트 정부입니다.

—

1941년 9월 11일
찰스 린드버그의 디모인 연설

이 나라를 전쟁으로 내몬 가장 중요한 세 집단은 영국인, 유대인, 그리고 루스벨트 정부입니다. 우리는 전쟁의 문 앞에 있지만, 전쟁과 거리를 두는 데는 아직 너무 늦지 않았습니다. 어떤 돈도, 어떤 선전도, 어떤 비호도 자유롭고 독립적인 민족을 의지와 상관없이 전쟁으로 내몰 수는 없습니다.

_ 찰스 린드버그

제2차 세계대전이 발발하고 2년이 지난 시점에 찰스 린드버그는 왜 이런 고립주의와 강한 반反유대주의에 물든 연설을 했을까?

비행가였던 찰스 린드버그는 유명세가 절정에 달했을 때, 미국 중서부에서 '아메리카 퍼스트 위원회America First Committee'의 대변인으로 활동했다. 아메리카 퍼스트 위원회는 1940년과 1941년에 대중의 큰 호응을 받았던 압력 단체였다. 농업이 중심이었던 미국 중서부의 많은 주민이 미국의 참전에 극심하게 반대했다. 세계대전은 자신들의 전쟁이 아니라고 생각했고, 린드버그는 그들을 열광시킬 말을 할 줄 알았다.

아메리카 퍼스트 위원회
1940년 9월
예일대학교 학생들이
만든 단체인 아메리카
퍼스트 위원회는
1930년대의 중립성에
관한 법을 엄격하게
적용할 것을 주장했고,
영국에 대한 직접적인
지지를 반대했다. 활동이
최고조에 이르렀을
때 회원 수가 80만
명이라고 주장했다.

와스프(WASP,
White Anglo-Saxon
Protestant)
1960년대 이후
사용되는 사회학
용어로, 미국 건국 이후
상류층에 속한 영국계
가정을 의미한다. 광의의
의미로는 북유럽 출신인
상류층을 가리킨다.

아메리카 퍼스트 위원회가 1940년에 갑자기 등장한 것은 아니다. 20세기 초부터 생득주의를 주장하는 단체들이 이민 감축을 주장했다. 이들은 특히 남유럽, 동유럽의 유대인과 가톨릭교도의 이민에 반대했다. 이들은 미국이 검소, 농업, 고립주의를 고수해야 할 뿐만 아니라, '와스프', 즉 '앵글로색슨족 백인이자 개신교도'가 주를 이루기를 바랐다. 1921년과 1924년에 미국은 최초의 반이민 정책인 국가별 할당제를 시행했다. 이 이민법은 특히 남유럽과 동유럽 출신자들을 겨냥했다. 이로 인해 기록적이었던 이민 행렬이 멈췄다. 1890년부터 제1차 세계대전이 종식될 때까지 2000만 명 이상의 이민자가 미국으로 입국했다. 이는 해마다 약 80만 명이 입국했다는 뜻이다.

KKK의 부활도 1920년대 미국 정치계를 뒤흔들었다. 1865년 북부의 승리와 노예 제도 폐지에 대한 반발로 처음 출현한 KKK는 연방 당국의 저지로 1877년에 공식적으로 금지되었다. 그러다가 데이비드 그리피스 감독의 무성 영화 〈국가의 탄생〉(1915)이 대대적인 성공을 거두면서 KKK가 부활했다. 이 영화는 인종차별주의적 성향을 노골적으로 드러낸 작품이다. 영화에서 백인의 정체성이 미국의 근간으로 설정되어 있고, 흑인은 막아야 할 위협으로 나타냈기 때문이다. 이 모든 것은 일부 미국인들이 초기 KKK의 행위를 찬양하게 만들었다. 머지않아 부활한 이 두 번째 KKK는 400만 명에 가까운 회원을 모집했고, 여성과 아동 전담반까지 갖추고 있었다. 1920년대 미국인의 일상과 공공 생활에서 KKK에 소속되어 있다고 말하는 것은 아무런 문제가 되지 않았다.

1930년대에 유럽 내 긴장이 고조되자 미국 농촌 지역에서 일어난 보수주의 운동은 고립주의를 가장 큰 대의로 삼기 시작했다. 사람들은 미국이 유럽 민주주의 진영을 무모하게 지지하다가는 영혼을 잃으리라고 생각했다. 1941년 3월, 고립주의자들은 루스벨트 대통령이 나치즘에 대항하기 위해 연합국을 물질적으로 지원하는 무기대여법을 마

무기대여법
1941년과 1945년에 미국이 국방과 연합군을 위해 식량, 군비, 에너지를 보급하기로 한 계획이다. 고립주의자들의 반대에도 불구하고 무기대여법은 1941년 3월 미국 의회에서 무난히 통과되었다.

KKK

'원'을 뜻하는 그리스어에서 비롯된 표현인 '쿠 클럭스 클랜Ku Klux Klan'은 남북전쟁 이후 인종 혼합을 막기 위해 출현했다. 설립자들은 흑인의 위협으로부터 백인 주민을 지키는 단체를 만들고자 했다. 설립 이후 금세 금지된 KKK는 제1차 세계대전이 끝나고 부활해 큰 성공을 거두었다. KKK는 현대화와 가톨릭교도의 이민을 강하게 비난하는 등 폭넓은 주제를 다루었다. 작은 규모의 여러 단체가 KKK를 자처하고 있지만 제2차 세계대전이 끝나고 KKK는 사라졌다고 본다.

런하자 이를 강력히 비판했다. 린드버그는 디모인(아이오와주) 연설에서, 루스벨트 대통령이 '진짜' 미국인 대신 외국 자본주의자와 유대인들의 배를 불리는 결정을 했다고 비난했다. 그는 보수주의자들이 뉴딜을 '주딜Jew Deal'이라고 부를 정도로 루스벨트 행정부 내 유대인의 수가 많다는 것을 말했다.

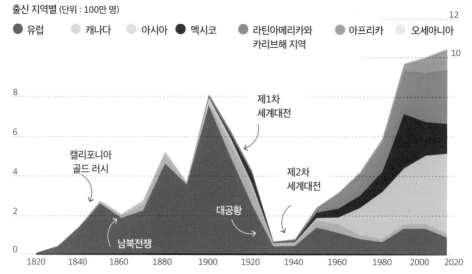

미국의 이민자 인구
1820~2020
출신 지역별 (단위 : 100만 명)

● 유럽　　● 캐나다　　● 아시아　　● 멕시코　　● 라틴아메리카와　　● 아프리카　　● 오세아니아
　　　　　　　　　　　　　　　　　　　　　카리브해 지역

제1차
세계대전

캘리포니아
골드 러시

제2차
세계대전

대공황

남북전쟁

출처 : 미국 국토안보부 통계국

린드버그와 같은 고립주의자들은 왜 루스벨트 대통령을 그렇게 싫어했을까?

고립주의자들은 루스벨트에게 모든 나쁜 일을 탓했다. 그들은 루스벨트를 사회주의자, 독재자, 그리고 유대인과 여성을 행정부에 들여 미국의 이상을 배신한 반역자로 생각했다. 1930년대에는 일부 작은 집단들이 루스벨트를 상대로 쿠데타를 꾸밀 정도였다. 이는 당시 미국에 파시즘이 존재했다는 증거다. 일반 주민과 마찬가지로 미국의 파시스트들에게도 표현의 자유가 있었다. 당시 뉴욕을 비롯한 곳곳에서 나치 시위가 벌어지기도 했다.

이러한 파시즘 세력의 존재는 미국에 공포를 불러일으켰다. 이는 당시 서양 민주주의 국가들에 똑같이 나타난 현상이다. 선출 직후 독재자, 더 옛말로는 '폭군'으로 변할 정치인이 집권할까 봐 두려움에 떤 것이다. 여러 작가가 이 두려움을 문학적 소재로 삼았다. 1935년 싱클레어 루이스는 《있을 수 없는 일이야》에서, 선동적인 후보인 상원의원 윈드립이 1936년 대통령 선거에서 승리하고 아돌프 히틀러와 비슷한 체제를 도입한다는 상상을 했다. 한편 제2차 세계대전 발발 후 아메리카 퍼스트 위원회의 담론에서 폭력과 반유대주의를 엿본 필립 로스는 충격을 받아

싱클레어 루이스
1885년 2월 7일에 태어난 소설가 싱클레어 루이스는 사회 풍자로 유명해졌다. 매우 신랄하게 써 내려간 《메인 스트리트》(1920)와 《배빗》(1922)은 부를 축적하는 사회와 어리석은 대량소비에 대한 환상을 비웃는다. 1930년에 루이스는 미국 작가로는 최초로 노벨 문학상을 수상했다. 환상적인 디스토피아를 그린 《있을 수 없는 일이야》(1935)는 파시스트가 대선에서 승리한다는 내용을 다룬다.

2004년《미국을 노린 음모》를 발표했다. 이 작품은 린드 버그가 1940년 대선에서 루스벨트를 꺾었을 때 벌어질 수 있는 일을 그린 대체 역사 소설이다.

1936년과 1940년에 고립주의자들이 미국에서 집권할 수 있었을까?

아무튼 그런 일은 일어나지 않았다. 1933~1945년 루스벨트는 미국인들에게 제3의 길, 즉 미국에 뿌리내리지 못한 사회주의와 1930년대 유럽과 미국에서 발달한 파시즘의 중간에 있는 노선을 제안하여 약속을 지켰다. 1929년에 시작된 대공황을 해결하기 위해 루스벨트 행정부는 응급 조치를 취하는 데 그치지 않고 노조의 자유, 기본 소득, 사회보장제도 등을 시행할 수 있도록 중요한 복지 법안 채택을 지지했다.

루스벨트는 이 제3의 길을 '산업 민주주의'라고 불렀다. 건국의 아버지들처럼 그도 나머지 세상이 모방할 수 있는 이상적인 정치 체제를 만들고 싶은 야망이 있었다. 1936년 5월 프랑스 극우 정당인 국민전선이 선거에서 승리하자, 사회주의자 몇 명이 루스벨트의 미국을 둘러보고는 매우 흥분한 상태로 귀국해 뉴딜 정책에서 영감을 받았다고 말했다. 이후 고립주의자들을 상대로 루스벨트가 승리를 거둔 두 번째 도전은 1941년 12월부터 미국을 군사적 모험에 뛰어들게 한 것이다.

뉴딜의 위대한 법칙(1933~1936)

1933년 3월, 백악관에 입성한 루스벨트는 아직 명백한 정책을 마련하지 못한 상태였다. 가장 시급한 일은 미국을 대공황의 늪에서 빠져나오게 하는 것이었다. 그의 취임 후 첫 100일 동안 마련된 상징적인 법들은 1929년 월스트리트의 붕괴 이후 멈추지 않고 계속된 금융 패닉에 종지부를 찍는 것이 목적이었다. 1933년 3월 마련된 긴급은행법 Emergency Banking Act은 연방 은행들의 보유고를 동원해 지불 능력이 남아 있는 은행을 구제한다는 내용이었다. 1933년 6월 규제된 글래스-스티갈 법은 상업 은행과 투자 은행을 분리해서 금융 부문을 장기간에 걸쳐 조정하는 것을 목적으로 했다.

1936년 대선 선거전이 시작되자 루스벨트는 포퓰리스트 후보였던 휴이 롱에게 추월당하지 않기 위해 자본주의를 엄격하게 규제하기로 했다. 1935년 7월 와그너법으로 불리는 전국노동관계법은 노조에 더 많은 힘을 실어주어 노사관계의 균형을 다시 맞췄다. 역사학자들은 이 법을 더 급진적인 '제2의 뉴딜'(1935~1936)이 시작된 출발점으로 평가한다. 1935년 8월에는 사회보장법이 제정되어 연방 차원의 실업 보험 및 연금 제도가 시행되었다.

1941년 9월 크게 분열된 미국인들을 어떻게 석 달 만에 통합해서 제2차 세계대전 참전을 가능하게 했을까?

1941년 12월 7일 일본군이 진주만(하와이)의 미군 기지를 기습 공격하자 미국 사회는 충격에 빠졌다. 미국 공화국은 건국과 독립전쟁 이후 본토에서 공격을 받은 적이 한 번도 없었다. 게다가 자국의 군사적 질서를 원주민과 중앙아메리카 국가들에 강요하는 데 늘 성공했다. 진주만 공격 이후 많은 미국인이 자신들의 종교적·정치적·문화적 기준에 의구심을 제기했다.

진주만 공격의 충격을 가늠하려면 아메리카 퍼스트 위원회가 1941년 12월 11일, 그러니까 공격 나흘 뒤 해체되었다는 사실을 보면 된다.

1917년에는 윌슨 대통령이 원했던 제1차 세계대전 참전에 저항하는 세력이 있었지만, 1941년에는 미국의 참전에 찬성하는 미국인이 1917년보다 훨씬 많았다. 미국 경제와 사회는 갑자기 군사화하기 시작했다. 1940년대 초 미국 군대는 아직 초보적인 수준이었기 때문에 승리가 보장된 것은 아니었다. 프랑스나 독일 군대와 달리 미국 군대는 사회적으로나 정치적으로 중요한 역할을 하지 않았다. 이러한 상대적 약점을 보완하기 위한 임시방편으로 미

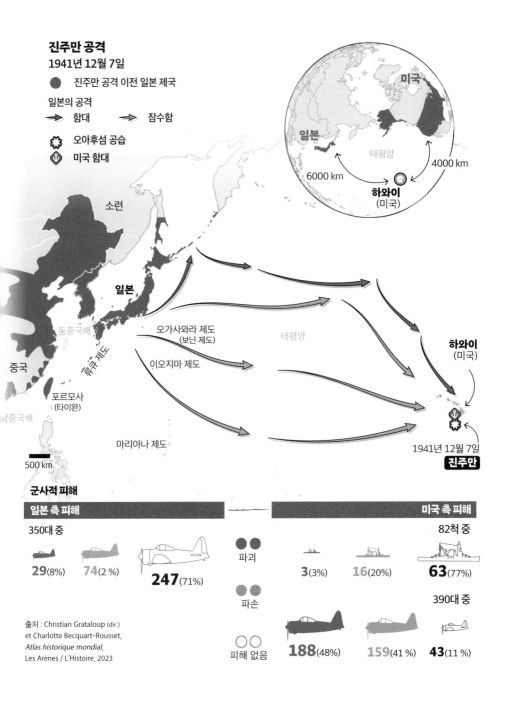

진주만 공격
1941년 12월 7일

● 진주만 공격 이전 일본 제국

일본의 공격
→ 함대 → 잠수함

✳ 오아후섬 공습
◈ 미국 함대

미국

일본

태평양

6000 km   4000 km

하와이
(미국)

소련

일본

동중국해

오가사와라 제도
(보닌 제도)

이오지마 제도

태평양

하와이
(미국)

중국

류큐 제도

포르모사
(타이완)

남중국해

마리아나 제도

500 km

1941년 12월 7일
진주만

군사적 피해

일본 측 피해
350대 중

29(8%)   **74**(2 %)   **247**(71%)

● 파괴
● 파손
○ 피해 없음

미국 측 피해
82척 중

3(3%)   **16**(20%)   **63**(77%)

390대 중

188(48%)   **159**(41 %)   **43**(11 %)

출처 : Christian Grataloup (dir.)
et Charlotte Becquart-Rousset,
Atlas historique mondial,
Les Arènes / L'Histoire, 2023

국 군대는 재계에서 이미 증명된 방법을 주저 없이 도입했다. 바로 '노동의 과학적 조직'이었다. 기업들도 매우 빠른 속도로 동원되어 경제를 재편했다. 여기에는 루스벨트에 대놓고 적대적이었던 기업 설립자들까지 포함되었다. 예를 들어, 고립주의와 반유대주의에 대한 확신을 숨긴 적이 없는 헨리 포드마저도 미국의 참전에 힘을 보탰다. 1941~1945년의 조직화 능력은 미국의 가장 큰 장점이 되었고, 미국 최초로 전쟁 문화가 발전하기 시작했다.

이러한 대규모 동원은 연방 정부의 권한을 크게 강화하는 결과를 가져오기도 했다. 많은 역사학자가 '동원'이야말로 1941년 이전까지 열띤 국가관리주의자가 아니었던 루스벨트가 이룬 업적의 최고봉이라고 평가한다. 제2차 세계대전 당시 루스벨트는 국가라는 기구가 매우 훌륭한 조직 능력을 가졌다는 것과, 서로 다른 주체들의 협력을 크게 강화할 수 있다는 사실을 깨달았다. 맨해튼 프로젝트에서 국가는 듀폰사가 핵폭탄 제조에 참여하도록 설득할 수 있었다. 화학 부문의 대기업이었던 듀폰은 루스벨트가 주장하는 산업 민주주의에 원래 매우 적대적이었다.

맨해튼 프로젝트
(1942~1946)
미국 정부가 캐나다, 영국의 지원을 받아 인류 최초의 핵무기를 개발하기 위해 수행한 연구 프로젝트다. 프로젝트가 한창 진행 중일 때 약 13만 명이 고용되었고, 군사 공학, 우라늄 농축, 첩보 등 다양한 활동이 이루어졌다.

'아메리카 퍼스트'를 대선 슬로건으로 내건 트럼프는
그 의미를 정확히 알고 있었을까?

'아메리카 퍼스트'는 두 가지 보완적인 방식으로 해석할
수 있다. 우선 역사적 관점에서 보면, 이런 슬로건을 선택
한 것은 우연이 아니다. 도널드 트럼프의 부친은 보수주의
자들과 매우 가까웠다. 이 슬로건은 양차 세계대전 사이에
있었던 보수주의적이고 고립주의적인 운동을 연상시킨다.
1945~2016년 사이의 이 운동에 관한 역사는 거의 다뤄지
지 않았다. 제2차 세계대전 이후 미국의 군사적 승리는 이
데올로기의 승리도 함께 얻었다. 따라서 전쟁에 찬성한 모
든 미국인은 미국이 기본적인 자유를 지키기 위해, 또 유
럽의 민주주의 국가들을 나치의 굴레에서 벗어나게 하기
위해 싸웠다고 느꼈다.

게다가 '아메리카 퍼스트'는 트럼프의 지정학적 선택을 보
여주는 표현이지만 이미 오바마가 구상했던 전략이다. 두
대통령은 각자 나름의 방식으로 9·11 테러 이후 호전적으
로 변한 미국과 단절하기를 바랐다. 두 사람 모두 미국에
는 국외 군사 개입을 늘릴 수단이 더는 없다고 판단했기
때문이다. 그러나 그들의 신고립주의는 상반된 형태를 띠
었다. 2008~2016년 오바마 대통령은 다자주의의 발전을

옹호했다. 즉 미국은 자국의 가치를 위해 계속해서 싸우면서도 다른 파트너들과 함께해야 하고, 북대서양조약기구(NATO)에 더 기대야 했다. 반면 트럼프는 미국이 더 자립할 것을 설파했다. 그리고 미국이 벌이는 전쟁 비용을 대라고 동맹국들에 요구했다.

프랭클린 D. 루스벨트Franklin D. Roosevelt(1882~1945)

미국 대통령을 이미 한번 배출했던 뉴욕의 두 명문가 집안
출신인 프랭클린 D. 루스벨트는 제33대 미국 대통령이자
1933~1945년 네 번이나 연임한 최초의 대통령이다. 민주당원인
그는 1929년 대공황에 이은 경제적·사회적 긴장 속에서
선출되었다. 취임 후 첫 100일 동안 그는 뉴딜 정책을 시작했다.
이 정책을 통해 국가의 개입을 강화하고, 국가 현대화에 기여하는
대규모 공사를 벌여 경제를 활성화하려 했다. 1935년에 시작된
두 번째 뉴딜 정책은 연금 제도를 마련하는 등 복지국가의
기초를 다지는 계기가 되었다. 부자들에 대한 조세 정책과 은행
통제로 대통령과 월스트리트 간에 알력도 생겼다. 루스벨트는
제2차 세계대전에 미국을 참전시킨 대통령으로도 역사에
남았다. 참전의 필요성을 확신한 그는 오랫동안 고립주의자들의
반대에 부딪혔다. 그러나 진주만 공격 이후 고립주의자들도 결국
설득되었다.

찰스 린드버그Charles Lindbergh(1902~1974)

그는 진정한 영웅이었다. 1927년 5월 20일과 21일, 자신의
단엽비행기인 '세인트루이스의 정신'을 타고 33시간 30분 만에
경유지 없이 뉴욕에서 파리까지 단독 비행한 최초의 비행가가
되었다. 그는 대서양 횡단으로 개척자들을 신봉하는 미국의
전설이 되었다. 그러나 영광이 절정을 이루던 시절 그의 놀라운
운명은 비극을 맞았다. 1932년에 20개월 된 아들이 자택에서
납치된 것이다. 이 사건은 언론에 대서특필되었다. 그리고 두

달이 지난 뒤 살해당한 아들의 시신이 발견되었다. 린드버그 부부는 1935년 12월 유럽으로 떠났고, 그곳에서 나치 친구들을 만나게 되었다. '외로운 독수리'라는 별명을 얻은 그는 1938년 10월 헤르만 괴링이 수여하는 독일 독수리 훈장을 받았다. 당시 린드버그는 히틀러를 스탈린보다 위험하지 않은 '위인'이라고 평했다. 나치 독일에 대한 선망이 깃든 고립주의를 열렬히 지지한 그는 전쟁을 반대하는 압력단체 '아메리카 퍼스트 위원회'의 리더가 되었다. 1941년 9월 11일 아이오와주 디모인에서 한 유명한 연설에서 그는 "영국인, 유대인, 루스벨트 정부"가 미국을 전쟁에 끌어들이기 바라는 자들이라고 말했다. 그러나 일본의 진주만 공격 이후 그는 생각을 바꾸고 태평양 전쟁에 참전했다. 그는 공습에 참여했고 전후에는 명예와 망각으로 점철된 시기를 겪었다.

헨리 포드 Henry Ford (1863~1947)

헨리 포드는 아메리칸 드림과 떼려야 뗄 수 없는 인물이다. 무엇보다 그의 성공 스토리가 아메리칸 드림을 상징하기 때문이다. 미시간주의 한 농장에서 태어나 청소년 시절 어머니를 여읜 그는 일찍이 기계에 관심을 보이기 시작했다. 아버지도 디트로이트에 견습공으로 채용된 그를 말리지 못할 정도였다. 임금이 워낙 낮아서 그는 공장일이 끝나면 시계공으로도 일해야 했다. 1880년대 초 엔지니어가 된 그는 가솔린 기관에 관심을 가졌고, 1896년에 첫 자동차를 만들었다. 이것이 놀라운 산업 혁신의 출발점이었다. 그 절정기는 1908년 T 모델을 출시했을

때다. T 모델은 저렴하고 운전과 수리가 쉬운 자동차였다. 이것이 포드 자신이 T 모델 출시 당시 말했던 아메리칸 드림의 두 번째 측면이다. "나는 최대한 많은 사람이 탈 수 있는 자동차를 만들 것이다." 생산 합리화를 추구하고 노동을 과학적으로 조직함으로써 그는 비용을 절감할 수 있었다. '포드주의'가 탄생한 것이다. 머지않아 컨베이어 시스템이 등장하면서 포드주의가 완성되었다.

그러나 그에게는 감춰진 이면이 있었다. 유대인을 증오했던 것이다. 그는 1919년에 반유대주의 성향의 《디어본 인디펜던트》라는 신문사를 인수했다. 그리고 유대인들이 음모를 꾸미고 있음을 보여주는 '증거'라며 〈시온 장로 의정서〉라는 위서를 미국 전역에 배포했다. 1920년대에 히틀러의 집무실에 그의 초상화가 걸려 있었다고 한다. 역사학자들은 증거를 찾지 못했지만, 그가 나치당에 자금을 댔다는 가설이 연구 중이다.

싱클레어 루이스의 《있을 수 없는 일이야》 중에서

선거전이 시작된 첫 주부터 윈드립 상원의원은 자신의 철학을
분명히 밝혔다. 〈몰락한 중산층을 위한 승리 14개 항〉이라는
유명한 선언문을 발표한 것이다. 그의 표현대로라면, 아니 어쩌면
리 새러슨(그의 비서) 혹은 듀이 헤이크('몰락한 중산층 동맹' 회장)의
표현대로라면 열네 개의 주춧돌은 다음과 같다.

(…)

3. 빨갱이 급진주의의 신조, 그리고 노후의 안위를 보장하는 취득
재산의 불법적 수용과 반대로 우리 동맹이자 정당은 개인의 결정권과
사유재산권을 영원히 보장할 것이다.

4. 우리 미국인들이 강한 권력을 갖고 모든 이에게 절대적인 신앙의
자유를 보장하는 것은 우리가 경배하는 전능한 신 덕분이다. 그러나
무신론자, 불가지론자, 흑마술 신봉자, 신약에 맹세하기를 거부하는
유대인, 종교에 상관없이 미국에 충성하지 않는 자는 공직을 맡거나
교사, 교수, 판사, 변호사, 산부인과를 제외한 의사로 활동할 수 없다.

5. 1인당 연간 순소득은 50만 달러를 넘을 수 없다. 축적된 재산은
1인당 300만 달러를 초과할 수 없다. 평생 총액이 200만 달러를
초과하는 유산을 보유할 수 없다. 정해진 금액을 넘어서는 소득 또는
재산은 연방 정부가 몰수하며 구호 비용과 행정 지출에 사용된다.

(…)

7. 군축과 육군 및 해군 기지 규모는 세계 그 어느 국가 또는 제국의
군사력과 비교해도 같거나 높지 않은 수준으로만(우리나라는 어느
나라든 정복할 야욕이 없으므로) 증강된다. 우리의 동맹이자 정당은

취임하자마자 이를 가장 중요한 의무사항으로 정할 것이다. 또한 우리의 무력은 세계 평화와 우호를 보장할 목적으로만 유지될 것임을 전 세계에 단호히 천명할 것이다.

8. 화폐 발행권은 의회에 있으며, 우리는 취임하자마자 현재 통화량을 두 배 이상 늘려 대출을 용이하게 할 것이다.

9. 우리는 비기독교적이며 진보적인 태도를 보이는 국가와 그들의 유대인 차별 정책을 강력히 규탄할 것이다. 유대인은 동맹의 열렬한 지지자이며 계속 번영할 것이고, 우리의 이상을 지지하는 한 온전한 미국인으로 인정받을 것이다.

10. 검둥이들은 투표권을 잃을 것이다. 그들은 공직을 맡지 못하며 법조계, 의료계, 교육계(초등학교)에 종사할 수 없을 것이다. 가계당 연간 1만 달러를 초과하는 소득 또는 유산에 대해서는 100퍼센트 과세할 것이다.

(…)

12. 간호사, 미용사 등 여성적인 분야에서 일하는 여성을 제외하고 현재 직업을 가진 모든 여성은 최대한 빨리 도움을 받아 가정주부, 그리고 강하고 명예로운 미래 시민의 어머니라는 신성한 의무를 되찾아야 한다.

출처 : 싱클레어 루이스, 《있을 수 없는 일이야》(1935)

1941년 9월 11일 찰스 린드버그의 디모인 연설 중에서

유럽의 전쟁이 시작된 지 이제 2년이 흘렀습니다. 1939년 9월의
그날부터 지금까지 미국은 참전하려고 점점 더 애쓰고 있습니다.
그 노력은 외국의 이익을 대변하는 자와 우리 민족 중 매우 소수인
자들이 기울였고 큰 성공을 거두어 현재 우리나라는 전쟁의 문턱에 와
있습니다.
전쟁이 세 번째 겨울을 맞이하려 하는 이 시점에, 우리를 현 상황에
놓이게 한 정황들을 살펴보는 것이 합당합니다. 우리는 왜 전쟁의
문턱에 와 있을까요? (…)
이 나라를 전쟁으로 내몬 가장 중요한 세 집단은 영국인, 유대인,
그리고 루스벨트 정부입니다.
이 세 집단 뒤에는 그 규모는 더 작더라도 자본주의자, 친영파,
지식인이 있습니다. 그들은 인류의 미래가 대영제국의 지배에 달려
있다고 믿습니다. 여기에 공산주의 집단도 포함됩니다.
몇 주 전만 해도 참전에 반대한 이들을 저는 이 나라의 가장 큰 전쟁
선동가들이라고 불렀습니다.
우리는 전쟁의 문 앞에 있지만, 전쟁과 거리를 두는 데는 아직 너무
늦지 않았습니다. 어떤 돈도, 어떤 선전도, 어떤 비호도 자유롭고
독립적인 민족을 의지와 상관없이 전쟁으로 내몰 수는 없다는 것을
보여주는 데 아직 늦지 않았습니다. 우리의 선조들이 신세계에서
개척한 독립적인 미국의 운명을 되찾고 보존하는 데 아직 늦지
않았습니다.

출처 : 미국 국가문서기록관리청

1968

미국 내
문화전쟁

우리 사회가 병들었다고 하는 사람들이 있습니다.
우리는 병든 게 맞습니다. 하지만 그들이 말하는 대로
병든 것은 아닙니다. 우리는 너무 오랫동안
이 나라에서 방치돼온 것 때문에 병들었습니다.

—

1968년 9월 29일
리처드 닉슨의 텔레비전 연설

우리 사회가 병들었다고 하는 사람들이
있습니다. 우리는 병든 게 맞습니다. 하지만
그들이 말하는 대로 병든 것은 아닙니다.
우리는 너무 오랫동안 이 나라에서 방치돼온 것
때문에 병들었습니다.
_리처드 닉슨

**1968년 대선 후보였던 리처드 닉슨은 미국이 어떤 병에
걸렸다고 말했던 것일까?**

**"개인적인 것이
정치적인 것이다"**
1960년대 이후
페미니스트들이
사용했던 표현으로,
여성의 '사생활'(성, 출산,
결혼 등)이 실제로는
대부분 사회적 역학으로
결정된다는 주장이다.
그런 의미에서 사생활은
정치적 쟁점이 될
만하다.

대선에서 승리하기 몇 주 전, 텔레비전으로 방영된 연설에서 리처드 닉슨은 1960년대 미국이 직면한 문제를 제기했다. 그는 특히 민권 운동에 참여한 대학생들을 겨냥했다. 1960년대 초부터 대학생들은 더 공정한 미국, 그리고 성적으로 더 해방된 미국을 요구했다. 1960년대에는 정치 참여와 개인의 정체성을 연결 짓는 사람이 많았다. "개인적인 것이 정치적인 것이다"라는 당시 가장 유명했던 슬로건이 상황을 잘 요약해준다. 그러니 민주주의는 제도의 문제만이 아니었다. 민주주의는 누구나 제한 없이 자신의 깊은 내면과 개성을 표현할 수 있는 장이 되어야 했다.

1960년대에 일부 청년층은 사회가 바라는 대기업 생활과는 거리가 먼 '진짜' 삶을 살고 싶어 했다. 자연, 그리고 자신의 몸과 친해지기를 바란 히피들은 개척자들의 미국을 물려받겠다고 주장했다. 그래서 머리를 자르지 않고 자유연애를 설파했다. 도시를 떠나 강한 정체성으로 묶인 공동체를 만든 사람들도 있었다.

베티 프리던Betty Friedan의 저서 《여성의 신비》(1963)가 큰 성공을 거두자 페미니스트들은 1920년 여성의 참정권 획득 이후로 잠잠했던 투쟁을 재개했다. 그들은 남녀평등을 외치고, 가부장제를 비난하는 목소리를 미국 전역에 전했다. 성 규범의 해방은 동성애자들에게도 영향을 미쳤다. 많은 단체에 모여 있던 이들은 미국의 법이 그들을 가둬두었던 '옷장에서 나오기' 시작했다. 1969년 뉴욕의 한 술집에서 몇몇 남성들이 경찰의 괴롭힘을 공개적으로 토로했고, 이로 인해 동성애자의 시위가 전국적으로 일어났다.

위계를 중시하고 공산주의를 열렬히 반대했던 닉슨 대통령은 이러한 미국의 새로운 면을 싫어했다. 그는 1968년 '침묵하는 다수'를 앞세워 선거 유세를 벌였다. 사실 길거리나 언론에서 자주 볼 수 있는, 국기를 불태우거나 베트남 전쟁을 비난하고 브래지어를 찢는 '좌파' 젊은이보다 침묵하는 다수가 더 많다는 것이다. 닉슨은 전통적인 미국인, 열심히 일하며 공화국과 그 제도의 가치를 존중하는 미국인을 대표하는 후보를 자처했다. 그는 늘 양복만

히피 운동

'히피'라는 단어는 미국 흑인들의 은어 '힙hip'이라는 형용사에서 왔다. 1940년대에 '힙'은 '최신 유행의'라는 뜻이었다. 1965년 무렵 언론에서 뉴욕의 그리니치 빌리지 같은 대도시의 자유분방한 지역에 사는 젊은이를 가리키는 말로 '히피'라는 말을 처음 사용했다. 히피들은 잭 케루악과 앨런 긴즈버그 등 비트 세대 작가들이 대변하는 반문화적 가치를 받아들였다. 그들은 제2차 세계대전 이후 태어난 부모 세대가 따르고 있는 '미국적 생활방식American Way of Life'이라는 규범을 거부하고, 여행이나 공동체 생활을 선호했다. 1967년 10만 명에 이르는 젊은이가 '사랑의 여름'을 보내기 위해 샌프란시스코에 모여 경찰의 주의를 끌었다. 당시 경찰은 향정신성 약물인 마약 단속을 강화하고 있었다.

히피들은 소비사회를 비판했고, 그들이 만든 농촌 공동체는 1970년대에 나타날 자급자족이나 환경 운동의 면모를 가지고 있기도 했다. 그러나 대부분은 극단적인 사회 운동이나 대학생들의 저항 운동의 주변부에 머물렀다. 사회를 변혁하기보다는 자기 자신이 바뀌는 게 더 중요하다고 보았기 때문이다. 1967년 몬트레이 팝 페스티벌, 1969년 우드스톡 록 페스티벌 같은 대규모 콘서트가 개최되기도 하면서 히피 문화는 세계적으로 팝 문화와 상업 문화에 지속적인 영향을 주었다.

입었기 때문에 자주 조롱거리가 되었다. 그의 경쟁자들은 그를 영업사원이나 천박한 자동차 판매원과 비교하기를 즐겼다.

리처드 닉슨 Richard Nixon(1913~1994)
1969~1974년 재임한 미국의 제37대 대통령 리처드 닉슨은 특이한 인물이었다. 부통령이었다가 대통령이 되었으며, 선거에 지고도 대통령이 되었고, 희대의 스캔들(워터게이트) 때문에 사임한 대통령이기 때문이다. 미국 역사상 매우 이례적인 사례가 분명하다. 제2차 세계대전 직후 정치에 입문한 닉슨은 공산주의자 사냥을 대표하는 인물 중 한 사람이었다. 아이젠하워 대통령의 부통령이었던 그는 뒤통수치는 걸 좋아하는 음흉한 이미지가 강했다. 1960년 대선에서 케네디에게 패배했고, 2년 뒤 캘리포니아주 주지사 선거에서 팻 브라운에게 패했다. 연이은 실패로 정계 은퇴를 발표했지만, 정치인의 피가 끓던 그는 1968년 '침묵하는 다수', '법과 질서'를 외치며 대선에 도전해 마침내 승리를 거두었다. 1972년 재선에서도 압도적인 승리를 거두었지만, 이후 워터게이트 사건과 국민에게 한 거짓말 때문에 사임했다. 그러나 중국과의 친선 외교, 베트남 전쟁 종식, 야심 찬 환경 정책 등을 추진한 대통령으로도 평가받는다.

1968년 대선 캠페인이 미국 사회의 긴장이 극에 달했던 시기와 겹칠까?

와츠 폭동
1965년 8월,
로스앤젤레스의 흑인
거주 지역인 와츠가
주민과 경찰의 충돌
이후 엿새 동안 화염에
휩싸였다. 폭동으로
31명의 시위자와
3명의 경찰이 사망하고
부상자가 1032명에
이르러 미국 사회
전체가 충격에 빠졌다.
이 사건은 1964년에
제정된 민권법이 인종
간 갈등을 잠재우기에는
역부족이었음을
보여주었다.

사실 미국 정계에서 자행된 폭력의 수준은 1960년대에 이미 매우 높았다. 1965년 발생한 와츠 폭동 이후 흑인 폭동이 대도시 흑인 거주지에서 증가했다. '1967년의 길고 무더운 여름'에 미국 전역에서 159차례의 폭동이 발생했다. 연이어 벌어진 정치 거물들의 암살도 대선을 치르는 해에 긴장을 고조시켰다. 1968년 4월 마틴 루서 킹이 멤피스에서 암살되었고, 그로부터 두 달 뒤 민주당 후보이자 존 F. 케네디의 동생인 로버트 케네디도 암살당했다. 캘리포니아주 경선에서 승리한 날이었다.

1968년에 베트남 전쟁, 자본주의, 닉슨 출마를 반대했던 많은 대학생 시위자 중 사망자들이 나왔다. 대학에서 '미국 예외주의'는 그 뜻 자체가 완전히 바뀌었다. 윌슨 대통령과 루스벨트 대통령이 말한 뜻과는 정반대로 미국은 민주주의 체제로 볼 때 나머지 세계와 별반 다르지 않았다. 차이점이라면 극도의 폭력과 지배, 탄압이 지속적으로 자행된다는 점이었다. 대학생들과 일부 역사학자들은 미국의 역사를, 식민지에 도착하자마자 벌어졌던 원주민 학살로 시작된 끊임없는 폭력의 사슬로 요약될 수 있다고 주장

펜타곤 문서

1967년 베트남 전쟁사를 돌아보기 위해 작성된 미국 국방부의 1급 비밀문서이다. 1971년 기자들이 이 보고서의 발췌문 상당 부분을 손에 넣었는데, 내부고발자 대니얼 엘스버그 덕분이었다. 기자들은 국민에게 펜타곤 문서의 내용을 폭로하기로 했다. 내용은 충격적이었다. 정부가 대중에게 베트남 전쟁이 정당하다고 거짓말을 했다는 것이 드러났기 때문이다.

했다.

1970년대에 미국의 역사를 '거꾸로' 다시 읽는 현상은 펜타곤 문서가 발견되면서 더욱 강화되었다. 1971년《뉴욕 타임스》는 방대한 분량의 펜타곤 문서를 바탕으로, 존슨 대통령(1963~1969년 재임)이 말한 것과는 달리 미국 정부와 군 수뇌부가 베트남 북부에서 미군의 개입을 강화하려 했다는 사실을 폭로했다.

베트남 전쟁을 반대하던 사람들은 미국의 대외 정책을 점점 더 달갑지 않은 시선으로 바라보았다. 20세기 초부터

케네디 가문

1960년 존 F. 케네디의 대통령 당선은 늘 웃음을 띤 매력적인 젊은 후보가 집권한 사건만이 아니었다. 케네디는 오랫동안 반가톨릭주의가 매우 강했던 미국에서 대통령이 된 최초의 가톨릭 신자였다. 전임자인 루스벨트와 마찬가지로 그도 민주당 내에서 소수 민족의 입지를 지켰다. 1963년 11월 22일 댈러스에서 암살당하면서 그의 복지 정책과 경제 정책은 시행되지 못했지만 말이다. 이후에도 케네디 가문의 비극은 그치지 않았다. 동생 로버트 케네디가 1968년 대선에 나섰지만 그 또한 암살당했다. 또 다른 동생인 에드워드 케네디도 4년 뒤에 출마했지만 스캔들이 터져 낙마했다. 루스벨트 가문처럼 케네디 가문도 정계의 왕조가 되었다. 가톨릭 이민자 집안의 자식들이 성취한 운명에 대한 멋진 복수가 아닐 수 없다.

세계에서 '민주주의'와 '공정'을 수호한다는 핑계로 미국
정부가 국민이 아닌 대기업을 위해 전쟁을 벌였다는 것

마틴 루서 킹 Martin Luther King(1929~1968)
"나에게는 꿈이 있습니다." 킹 목사의 이 한마디는 미국 역사,
그리고 세계사에 길이 남았다. 1963년 8월 말의 그날, 흑인 민권
운동을 위해 수만 명이 워싱턴에 모였다. 연설은 그럴싸하게
하지만 그에 걸맞은 결정을 내리지 못하는 케네디 대통령에게
압력을 행사해야 했다. 34세의 마틴 루서 킹에게 그날은 흑인의
평등한 권리를 위한 긴 싸움이 끝나는 날이었다. 헨리 데이비드
소로와 간디의 글을 좋아했던 그는 나름의 비폭력 행동 원칙을
세웠고, 그중 하나가 '시민 불복종'이었다. 1955년 로사 파크스가
버스에서 백인에게 자리를 양보하지 않았던 사건 이후 몽고메리
버스회사에 대한 보이콧을 주동한 사람도 그였다. 흑인 민권
운동의 상징적 인물인 그는 자주 투옥되었지만, 그의 말에 귀를
기울이는 사람은 늘어만 갔다. 미연방수사국(FBI)이 그를 감시할
정도였다. 1964년 그는 노벨 평화상을 받았다. 그가 이끌던 흑인
민권 운동은 1964년 민권법 제정, 1965년 선거권법 제정 등
역사적인 결과를 얻어냈다. 이로써 미국 전역에서 모든 형태의
인종 분리가 법적으로 종식되었다. 카를 마르크스의 영향을
받은 마틴 루서 킹은 인종 문제를 넘어서 사회 문제를 논의하기
시작했다. 그러나 그의 감동적인 연설은 1968년 4월 4일, 그가
테네시주 멤피스에서 백인 인종차별주의자에게 암살되면서
갑자기 멈췄다.

이다. 일부 활동가는 미국의 제국주의적 정책이 1960년대 미국이 앓던 모든 병의 원천이라고 주장했다. 미국 역사의 비판적인 '수정' 시도의 대부분은 1980년 하워드 진Howard Zinn의 고전이 된 책《미국 민중사》에 정리되어 있다. 이제 역사가 특별하다면 그것은 부정적인 의미로 통했다.

1968년 11월 리처드 닉슨은 대선에 승리했다. 이는 '침묵하는 다수'의 존재를 입증하는 것일까?

문화전쟁
1960년대에 자유기업과 자본주의의 입지에 관한 합의가 문화로 논의가 옮겨가면서 문화전쟁이 일어났다. 낙태, 포르노, 동성애를 둘러싸고 미국 사회는 합의점을 찾을 수 없는 두 진영으로 갈렸고 자주 부딪혔다. 문화전쟁이 더 거세진 때는 선거철이었다. 공화당이 유권자를 끌어들이기 위해 문화전쟁을 선거에 이용했기 때문이다.

뜻밖에도 닉슨은 큰 표 차이로 승리했다. 그는 1960년 대선에서 패배했는데, 미국에서 대선 패배 후 다시 출마하는 것은 좋은 전략이 아니다. 역사학자들은 1968년이 '문화전쟁'이 시작된 해라고 본다. 1970년대 이후 문화전쟁이 미국 정계를 지배했고, 미국 사회가 낙태권, 총기 소지 허용 범위, 여성의 지위 등 중요한 사회 문제에 합의할 능력이 없음을 보여주었다.

루스벨트는 1930년대에 산업 민주주의에 대한 합의를 끌어내는 데 성공했다. 그러나 1970년대 미국인들은 양쪽으로 갈라져 서로 싸웠고, 때로는 그 방식이 충격적이었다. 예를 들어, 1979년 시카고의 한 보수 성향 디제이가 시립

경기장에서 디스코 음반을 불태우자고 제안했다. 이 '화형식'은 디스코 음악이 전달하는 쾌락주의적이고 개인주의적인 문화를 고발하는 한 방식이었다. 이성애, 남성, 가족 중심의 전통적인 미국의 가치에 역행한다는 이유였다.

1974년 워터게이트 사건으로, 1972년에 여유 있게 재선되었던 닉슨 대통령이 사임했다. 이때가 미국 공화국이 가장 밑바닥을 친 시기였을까?

20세기만 보면 그렇다. 닉슨은 1968년과 1972년에 도덕과 정의의 수호자를 자처했지만, 1973년에 《워싱턴포스트》 기자들이 1972년 대선 당시 민주당 경쟁자들을 감시한 공화당 당원들을 닉슨이 알면서도 감쌌다고 폭로했다. 1974년 8월 사임 직후 닉슨은 후임 대통령인 제럴드 포드에게 사면받았다.

많은 미국인이 자신들이 뽑지도 않은 대통령의 사면 결정에 충격을 받았다. 1972년 닉슨 대통령 당선 시 부통령이었던 스피로 애그뉴는 탈세 혐의 때문에 1973년 12월 사임했다. 따라서 포드 대통령은 두 사람이 사임한 뒤에 제38대 대통령이 된 것이다.

베트남에 관한 폭로처럼 정치 스캔들이 쌓이자 1970년대

워터게이트 사건

1972년 대선 선거전 당시, 닉슨 대통령의 팀이 워터게이트 호텔에 모인 정적들 중 일부를 도청하기로 결정했다. 《워싱턴포스트》 기자인 칼 번스틴과 밥 우드워드는 '딥 스로트deep throat'라고 부른 익명의 제보자로부터 이 사실을 알게 되었다. 두 사람은 조사를 통해 닉슨 대통령까지 파헤치게 되었고, 닉슨 대통령은 처음에 혐의를 부인하다가 결국 사임했다.

미국 사회는 큰 혼란에 빠졌다. 미국인들은 완벽했다고 믿었던 자신들의 제도가 민주주의의 이상에 반하는 목적으로 사용될 수 있다는 사실을 깨달았다. 건국의 아버지들이 제정한 헌법도 지도층의 부패와 결탁을 막을 수 없었다. 사람들이 혼란에 빠졌다는 것을 보여주는 증거는 진주만 공격이나 케네디 암살 사건 등에 관한 음모론의 출현이다. 정치적 측면에서 진보주의 세대는 부패 척결과 정치의 투명성 제고를 추구했다. 민주주의를 재창조해서 국가의 기만과 또 다른 닉슨의 집권을 막겠다는 것이었다.

지미 카터 대통령(1977~1981년 재임)은 이러한 혁신의 희망을 상징했다. 그러나 카터 행정부는 이내 수많은 경제 난관에 부딪혔다. 1973년과 1979년 두 차례의 석유 파동으로 큰 타격을 입은 미국은 1930년대 이후 최대의 경제

진보주의
19세기 말 미국에 출현한 정치사상이다. 진보주의자들은 사회 개혁과 제도 개혁이야말로 미국의 현대화가 낳은 부작용(부의 집중, 환경 오염, 부패 등)을 없애기 위한 최선의 방법이라고 생각했다.

위기를 겪었다. 탈공업화가 발생했고, 루스벨트가 주장하던 산업 민주주의 모델에 대한 합의가 사라지기 시작했다. 이처럼 많은 긴장 상태로 카터 대통령은 갈 길을 잃었고, 1979년 7월 15일에는 급기야 '불안감 조성 연설'이라 불릴 정도로 처참한 텔레비전 연설을 했다. 그는 미국의 모든 문제를 열거하고 시민들에게 도움을 요청했다. 이듬해 보수주의자인 로널드 레이건이 카터 대통령과 정반대 입장을 내세우며 대선에서 승리를 거두었다. 그는 민주주의를 구습에서 구하고 20년 동안의 불안을 뒤로한 채 민주주의를 부활시킬 메시아를 자처했다.

1980년 보수파의 대두로 '미국 민주주의가 부활했다'고 할 수 있을까?

많은 대선 후보가 그랬듯이, 레이건도 자신이 당선되면 건국의 아버지들이 원했던 '진짜' 미국을 부활시키겠다는 공약을 내걸었다. 그는 연설에서 종종 건국의 아버지들을 언급하기도 했다. 레이건의 참신함은 소통에 있었다. 배우 출신인 그는 미국의 '영원한' 원칙들을 매우 간단하면서도 세련되게 재표현하는 능력을 갖추었다. 예를 들어, 그는 〈스타워즈〉 시리즈에서 영감을 받아 소련을 '악의 제국'이라고 불렀다. 대내적으로는 1960년대 이후 미국이 헤어나지 못했던 '어둠의 시대'를 종식시킬 것이라고 말했다. 그의 타격감 있는 어법과 이분법적인 커뮤니케이션은 조롱거리가 될 수도 있지만 효과만큼은 탁월했다. 1984년 미국인들은 "미국에 다시 아침이 찾아왔습니다"라는 선거 광고를 보고 레이건을 다시 대통령으로 뽑았다.

레이건은 재임 기간(1980~1988)에 민주주의와 건국의 아버지들이 만든 연방주의의 이름으로 복지 정책을 후퇴시켰다. 또한 루스벨트의 세 차례 연임 이후 연방 차원에서 이루어진 모든 복지 프로그램을 감축했다. 1981년 1월에 있었던 취임 연설에서 그는 이미 노선을 알렸다. "현재의 위기 상황에서 연방 정부는 우리 문제의 해결책이 아닙니다. 연방 정부 자체가 문제입니다."

레이건은 연방 정부의 관료주의가 쓸모없을 뿐만 아니라 국민의 세금을 낭비한다고 주장했다. 뉴딜 이후 관료주의 때문에 풍요의 나라 미국에 복지 문제가 생겼다는 것이다. 그는 세계에서 가장 부유한 국가 미국에 빈곤이라는 건 존재하지 않는다고 말했다. 따라서 연방 정부는 경제와 복지에 개입을 멈추고, 주와 카운티에 주도권을 넘겨야 한다고 주장했다. 연방 정부의 권한 박탈이야말로 '미국을 다시 위대하게 만드는' 데 필수적인 조건이었다. 레

연방주의
연방국과 연방에 속한 주들이 권력을 나눠 갖는 정치 체계를 말한다. 미국의 경우 연방주의는 특히 1787년 헌법으로 만들어진 정치 형태를 가리킨다.

이건의 이 슬로건을 수십 년 뒤 도널드 트럼프가 다시 사용한다.

로널드 레이건 Ronald Reagan(1911~2004)
로널드 레이건이 미국의 제40대 대통령으로 선출되어 공화당의 영웅이 될 줄은 아무도 몰랐다. 원래 민주당 지지자였던 그는 정치와는 거리가 멀었고, 할리우드에서 유명한 배우가 되는 꿈을 가지고 있었다. 그러나 유명세를 얻을 즈음 제2차 세계대전이 발발하면서 꿈은 물거품이 되었다. 전쟁이 끝난 뒤 그는 배우 조합 대표로 활동하면서 마피아와 할리우드의 중간자 역할을 하며 촬영장에서 순조롭게 일이 진행되도록 했다. 열렬한 반공산주의자였던 그는 1964년 배리 골드워터의 선거전을 치르던 공화당의 눈에 띄었다. 이후 캘리포니아 주지사에 당선된 그는 1980년 대선에서 손쉽게 승리를 거머쥐었다. 소련에 대한 단호한 태도와 복지국가 해체를 공약으로 내걸었고, 보수적인 기독교 압력단체 '도덕적 다수'가 그의 지지 기반이었다. 레이건은 냉전 종식, 도덕적 보수주의, 신자유주의를 상징하는 대통령이다.

1974년 8월 8일 리처드 닉슨의 사임 연설 중에서

나는 비겁한 사람이 아닙니다. 임기가 끝나기 전에 사임한다는
것이 마음에 내키지 않습니다. 그러나 나는 대통령으로서 미국의
이익을 가장 우선시해야 합니다. 미국은 헌신할 수 있는 대통령과
의회가 필요합니다. 대내외적으로 문제가 산적한 이 시기에는 더욱
그렇습니다.

나 개인을 방어하기 위해 앞으로도 몇 달 동안 계속 싸우면 거의 모든
시간을 잡아먹을 것이고, 우리가 세계 평화와 국내 인플레이션 해결,
번영 같은 중요한 문제들을 해결하기 위해 모든 노력을 기울여야 할
때 대통령과 의회의 관심을 독점할 것입니다.

이에 나는 대통령직을 물러납니다. 나의 사임은 내일 정오에 효력을
발생합니다. 같은 시각 포드 부통령이 이 집무실에서 대통령 선서를
할 것입니다. (…)

나는 이 결정으로 미국에 무척 필요한 치유의 과정을 앞당겼기를
바랍니다.

이런 결정에 이르게 한 사건들로 인해 생긴 상처를 매우 유감스럽게
생각합니다. 나는 판단력을 잃었을 수 있고, 그것이 사실이지만, 당시
그것이 국가에 가장 유리하다고 판단했기 때문에 저지른 실수였음을
말하고 싶습니다.

힘겨웠던 지난 몇 달 동안 나를 지지해준 모든 사람, 내 가족, 친구,
나의 본심을 옳다고 생각해 내 편을 들어준 수많은 사람에게 앞으로도
계속 감사할 것입니다.

나를 지지하는 데 죄책감을 느끼지 않은 사람들에게 이 말을 하고

싶습니다. 나는 나를 반대하는 사람에 대한 원망 없이 이 자리에서 물러납니다. 생각해보니 우리는 각자 판단은 다를 수 있어도 모두가 나라를 걱정했던 것입니다.

그러니 힘을 합칩시다. 우리가 똑같은 마음이라는 것을 인정하고, 신임 대통령이 모든 미국인을 위해 성공하도록 도웁시다.

나는 임기를 다 끝마치지 못했다는 아쉬움을 가지고 이 집무실을 떠납니다. 그러나 감사한 마음도 있습니다. 지난 5년 반 동안 대통령으로서 여러분에게 봉사하는 특권을 누렸기 때문입니다.

그 5년 반은 미국과 세계의 역사에 중요한 시기였습니다. 이 시기에 우리 모두 자랑할 수 있는 일을 성취했습니다. 그것은 행정부, 의회, 국민이 힘을 합쳐 이룬 성과입니다.

그러나 앞으로 다가올 도전도 역시 중요합니다. 여기에는 새 정부와 발맞춰 일할 의회와 국민의 지지와 노력이 필요합니다.

우리는 미국 역사상 가장 오래 이어진 갈등에 종지부를 찍었습니다. 그러나 영구적인 세계 평화를 달성하려는 목적은 훨씬 더 원대하고 복잡합니다.

오늘 나는 내 숨이 다하는 날까지 이런 마음으로 살아갈 것을 약속합니다. 나는 하원의원, 상원의원, 부통령, 대통령으로서 오랜 세월 몸 바쳤던 대의, 즉 미국뿐 아니라 전 세계 모든 국가를 위한 평화, 번영, 정의, 모든 시민을 위한 기회의 균등을 실현하기 위해 계속 일할 것입니다.

그리고 무엇보다 애착이 가는 대의가 있습니다. 내가 살아 있는 한 그 애정은 변하지 않을 것입니다.

나는 5년 반 전 대통령 선서를 할 때 "나의 임기, 나의 힘, 그리고 내가

모을 수 있는 모든 지혜를 모아 국가 간 평화에 바치겠다"라는 신성한
약속을 했습니다.

그 이후 나는 이 약속을 지키기 위해 밤낮으로 최선을 다했습니다.
그리고 그 노력 덕분에 세계는 미국 국민뿐만 아니라 모든 국가의
국민에게 더 안전한 곳이 되었고, 모든 어린이에게 전쟁에서 목숨을
잃지 않고 평화롭게 살 수 있는 기회가 더 많아졌다고 확신합니다.

출처 : 미국 국가문서기록관리청

1979년 7월 15일 지미 카터의 '불안을 조성하는 연설' 중에서

일상생활에서 눈에 거의 보이지 않는 위협이 있습니다. 그것은 신뢰의
위기입니다. 그것은 국민의 마음, 영혼, 정신을 해하는 위기입니다.
우리는 삶의 의미에 대한 커져가는 의구심, 국가를 위한 공동의 목적
상실에서 위기를 감지합니다. 미래에 대한 믿음이 마모되면서 미국의
사회 및 정치 조직이 무너질 위협을 맞았습니다. 우리가 국민으로서
항상 느꼈던 신뢰는 낭만적인 꿈이나 7월 4일 독립기념일에 읽는
낡은 책에 나오는 표현이 아닙니다. 그것은 우리나라의 건국
이념이고, 우리가 국민으로서 발전할 수 있는 길을 안내한
이념입니다. 미래에 대한 믿음이 나머지 모든 것을 뒷받침했습니다.
공공 기관, 민간 기업, 우리의 가족, 그리고 미국의 헌법 말입니다.
우리가 갈 길을 정하고 세대 간 다리 역할을 한 것은 바로 신뢰입니다.
우리는 '진보'라는 것을 늘 믿었습니다. 우리 아이들이 우리보다 더

나은 시대를 살 것이라고 믿어왔습니다.

우리 국민들은 그 신뢰를 잃어가고 있습니다. 국가에 대한 신뢰뿐만 아니라 시민으로서 민주주의를 이끌고 만들어가는 능력에 대한 신뢰도 잃고 있습니다. 우리는 우리의 과거를 알고 있고 우리의 역사가 자랑스럽습니다. 우리는 자유를 추구하는 '민주주의'라고 부르는 인류의 위대한 움직임에 참여하고 있다고 항상 생각했습니다. 이러한 확신 때문에 우리는 항상 더 굳은 결의를 다졌습니다. 그러나 미래에 대한 믿음을 잃으면 바로 그 순간 과거와의 단절도 시작됩니다.

노동, 가족 간 연대, 공동체의 단합, 신에 대한 믿음의 가치를 중시하던 나라에서 욕망 충족과 소비를 숭배하는 사람이 너무 많아졌습니다. 개인의 정체성이 어떤 일을 하느냐가 아니라 무엇을 소유했느냐로 정해집니다. 그러나 우리는 물질적인 것을 소유하고 소비한다고 해서 욕망이 충족되지 않는다는 것을 알고 있습니다. 부의 축적이 믿음도 목적도 없는 공허한 삶을 채워주지는 않습니다. 미국인들이 이런 정신적 위기를 겪는다는 것을 보여주는 징후는 어디서나 나타납니다. 미국 역사상 처음으로 국민 대다수가 다가올 5년이 지나간 5년보다 좋지 않으리라 생각합니다. 유권자의 3분의 2가 투표하러 가지 않습니다. 노동 생산성은 하락세이고, 다른 서양 국가들에 비해 미래를 위해 저축하는 국민도 적습니다.

아시다시피 국가, 교회, 학교, 언론, 그밖에 제도에 대한 존중이 사라지고 있습니다. 이것은 행복이나 안락함에 관한 메시지가 아닙니다. 이것은 진실이자 경고입니다. 이러한 변화가 갑자기 찾아온 것은 아닙니다. 충격적이고 비극적인 사건으로 점철된 지난

30년 동안 서서히 일어난 것입니다. 우리는 존 F. 케네디, 로버트 케네디, 마틴 루서 킹의 암살 사건이 발생하기 전까지 우리나라가 총알이 난사되는 나라가 아니라 민주적인 선거가 일어나는 나라라고 확신했습니다.

우리의 군대는 천하무적이고 우리의 대의는 언제나 옳다고 배웠습니다. 그런데 베트남 전쟁으로 인한 고통을 겪었습니다. 우리는 충격적인 워터게이트 사건이 일어나기 전까지 대통령제를 가장 영예로운 제도로 존중했습니다.

우리는 '달러처럼 견고한'이라는 표현이 절대적 신뢰를 뜻하던 시대를 기억합니다. 10년에 걸친 인플레이션으로 달러가 약화하고 저축이 줄어들기 전이었지요. 우리는 우리가 보유한 자원이 무한하다고 믿었습니다. 그러다가 1973년부터 수입 석유에 점점 더 의존하게 되었습니다. 이러한 상처들은 아직도 매우 깊습니다. 그 상처들은 아직 아물지 않았습니다. 이 위기에서 벗어날 방법을 찾던 국민들은 연방 정부를 바라보기 시작했습니다. 그리고 연방 정부가 일반 시민의 삶과 단절되어 있음을 발견했습니다. 워싱턴은 고립된 섬이 되었습니다. 시민과 국가의 거리는 유례없이 벌어졌습니다. 사람들은 손쉬운 해결책이 아니라 진지한 답을 원합니다. 그들은 거짓말이나 정치적 술수로 문제를 모면하지 않는, 분명한 리더십을 원합니다.

출처 : 미국 국가문서기록관리청

1981년 1월 20일 로널드 레이건 대통령 취임 연설 중에서

나라의 삶은 계속됩니다. 미국은 큰 경제적 어려움에 직면했습니다. 우리는 역사상 가장 길고 높은 물가 상승 시대를 힘겹게 살고 있습니다. 그것은 경제와 관련된 우리의 결정에 영향을 미치고, 저축에 타격을 입히고, 어려운 젊은이들뿐만 아니라 수입이 일정한 노인들도 무너뜨립니다. 이 어려움은 수백만 명에 달하는 미국인의 삶을 위협하고 있습니다.

가동을 멈춘 산업은 노동자를 실업, 가난, 분노에 빠뜨렸습니다. 일자리가 있는 사람들은 성공을 막고 완전한 생산성 유지를 방해하는 세제 때문에 노동의 정당한 대가를 받지 못합니다.

세금 부담은 늘어났지만 증가하는 공공 지출을 따라잡지 못했습니다. 지난 수십 년 동안 우리는 적자를 면치 못했고, 눈앞의 편리 때문에 우리와 우리 아이들의 미래를 저당잡혔습니다. 오래전 시작된 이 추세를 막지 못한다면 사회, 문화, 정치, 경제에 막대한 혼란을 초래할 것입니다. 개인으로서 여러분과 저는 돈을 빌려 감당할 수 있는 수준 이상으로 살 수 있습니다. 그러나 그것은 한때입니다. 그렇다면 국가로서의 우리도 같은 한계에 도달하지 않을까요? 우리 경제가 겪는 어려움은 수십 년 동안 쌓였습니다. 그것은 며칠, 몇 주, 몇 달 만에 사라질 문제가 아닙니다. 그러나 사라지기는 할 것입니다. 우리가 미국인으로서 자유의 마지막이자 최대의 보루를 수호하기 위해 과거에 했던 일을 또 해낼 수 있기 때문입니다. 우리는 미래를 위해 오늘부터 움직여야 합니다. 여러분이 잘 이해하기를 바랍니다. 우리는 행동하기 시작할 것입니다. 당장 오늘부터 말입니다.

현재의 위기 상황에서 연방 정부는 우리 문제의 해결책이 아닙니다.
연방 정부 자체가 문제입니다. 우리는 사회가 너무 복잡해져서
각자의 규율에 기대어 다스릴 수 없게 되었다고 믿었습니다. 엘리트
정부가 국민의, 국민에 의한, 국민을 위한 정부보다 위에 있다고
생각했습니다. 그러나 우리 각자가 자기 자신을 다스릴 수 없다면
우리 중 누가 다른 사람을 다스릴 수 있겠습니까? 정부에서 일하든
그렇지 않든, 우리가 모두 힘을 모아 이 짐을 져야 합니다. 우리가
찾는 해결책은 특정 집단이 더 많은 대가를 치르지 않도록 평등해야
합니다.

출처 : 미국 국가문서기록관리청

역대 미국 대통령
1789-현재

조지 워싱턴	존 애덤스
1789-1797	1797-1801
무소속	연방당

프랭클린 피어스	밀러드 필모어	재커리 테일러	제임스 K. 포크
1853-1857	1850-1853	1849-1850	1845-1849
민주당	휘그당	휘그당	민주당

제임스 뷰캐넌	에이브러햄 링컨	앤드루 존슨	율리시스 S. 그랜트
1857-1861	1861-1865	1865-1869	1869-1877
민주당	공화당	민주당	공화당

캘빈 쿨리지	워런 G. 하딩	우드로 윌슨	윌리엄 H. 태프트
1923-1929	1921-1923	1913-1921	1909-1913
공화당	공화당	민주당	공화당

허버트 후버	프랭클린 D. 루스벨트	해리 S. 트루먼	드와이트 D. 아이젠하워
1929-1933	1933-1945	1945-1953	1953-1961
공화당	민주당	민주당	공화당

조 바이든	도널드 트럼프	버락 오바마	조지 W. 부시
2021-2024	2017-2021	2009-2017	2001-2009
민주당	공화당	민주당	공화당

토머스 제퍼슨	제임스 매디슨	제임스 먼로	존 퀸시 애덤스
1801-1809 민주공화당	1809-1817 민주공화당	1817-1825 민주공화당	1825-1829 민주공화당 국민공화당

존 타일러	윌리엄 헨리 해리슨	마틴 밴 뷰런	앤드루 잭슨
1841-1845 무소속	1841-1841 휘그당(자유주의 우파)	1837-1841 민주당	1829-1837 민주당

러더퍼드 B. 헤이스	제임스 A. 가필드	체스터 A. 아서	그로버 클리블랜드
1877-1881 공화당	1881-1881 공화당	1881-1885 공화당	1885-1889 민주당

시어도어 루스벨트	윌리엄 매킨리	그로버 클리블랜드	벤저민 해리슨
1901-1909 공화당	1897-1901 공화당	1893-1897 민주당	1889-1893 공화당

존 F. 케네디	린든 B. 존슨	리처드 닉슨	제럴드 포드
1961-1963 민주당	1963-1969 민주당	1969-1974 공화당	1974-1977 공화당

빌 클린턴	조지 H. W. 부시	로널드 레이건	지미 카터
1993-2001 민주당	1989-1993 공화당	1981-1989 공화당	1977-1981 민주당

2001

공격당한
민주주의

오늘 밤 우리는 위험을 경고받아 자유를 수호하도록
부름 받은 국가입니다. 우리의 슬픔은 분노로 바뀌었고,
우리의 분노는 결단으로 바뀌었습니다.

—

2001년 9월 20일
조지 W. 부시 대통령의 미국 의회 연설

오늘 밤 우리는 위험을 경고받아 자유를 수호하도록 부름 받은 국가입니다. 우리의 슬픔은 분노로 바뀌었고, 우리의 분노는 결단으로 바뀌었습니다. 우리의 적을 심판하든 심판을 받게 하든 심판은 이루어질 것입니다.

_조지 W. 부시

9·11 테러는 왜 미국 민주주의에 전환점이 되었을까?

9·11 테러
2001년 9월 11일 오전, 알카에다가 계획한 네 차례의 테러 공격이 미국 북동부 해안에서 발생했다. 항공기 네 대가 납치되었고, 그중 세 대가 목표였던 뉴욕의 무역센터와 워싱턴 근교의 미 국방부 건물에 충돌했다. 이 테러로 3000명 가까이 목숨을 잃었다.

2001년 미국 영토가 그런 공격을 받으리라고는 아무도 생각하지 못했다. 미국은 번영의 10년을 보냈다. 냉전이 끝나고 1991년 소련이 몰락하면서 프랜시스 후쿠야마 같은 전문가들은 '역사의 종말'을 말하기도 했다. 그들은 미국의 '시장 민주주의'와 자유주의 모델이 전 세계로 확산되리라 생각했다.

빌 클린턴 대통령(1993~2001년 재임) 집권 당시 세계화에 대한 희망이 절정에 이르렀다. 1994년 민주당과 공화당은 캐나다, 미국, 멕시코에서 재화, 서비스, 투자의 자유로운 이동을 가능하게 할 북미자유무역협정(NAFTA) 체결을 한목소리로 지지했다. 중국의 세계무역기구(WTO) 가입은

역사의 종말

1992년 정치학자 프랜시스 후쿠야마가 《역사의 종말》을 발표했다. 이 저서에서 그는 미국이 냉전에서 거둔 승리와 자유기업, 인권, 다문화주의에 기반한 세계 질서의 승리를 기뻐했다. 제목 덕분에 큰 성공을 거둔 이 책은 세계화가 행복한 것이고, 미국 진영이 승리하는 것은 피할 수 없는 일이었다는 인식을 심어주었다. 2001년 9월 11일 이 환상이 깨졌다.

세계무역기구
1995년에 발족한 세계무역기구는 냉전 이후 전 세계에 자유무역을 진흥하는 것을 목표로 삼았다.

2001년 말로 예정되었다. 21세기를 맞이한 미국에 적은 없어 보였다. 미국 중앙정보국(CIA)은 구소련 국가를 계속 감시하고 있었지만 말이다. 되돌아보면 9·11 테러의 전조를 알아차릴 수도 있었겠지만, 당시 테러 공격은 불시에 이루어져 미국 국민과 지도자들을 충격에 빠뜨렸다. 그 충격의 강도는 진주만 공격 당시와 견줄 정도였다.

조지 W. 부시 대통령은 테러에 어떻게 대응했을까?

무역센터가 공격당했다는 소식을 듣던 순간 당황한 조지 W. 부시의 모습은 잘 알려져 있다. 그러나 그는 바로 다음 날부터 전쟁 지휘관으로 변했다. 9월 14일에는 확성기를 들고 무역센터의 잔해 위에 올라가, 테러 공격의 책임자들

테러와의 전쟁

부시 행정부가 알카에다 조직과 그 동맹들을 모두 처단하기 위해 벌인 군사 작전이다. 재래식 전쟁과 달리 '테러와의 전쟁'은 국가가 아닌 단체나 개인을 주로 겨냥했다.

네오콘

1960년대 미국에서 평화주의적이고 급진적인 좌파 운동의 반대급부로 나타난 정치 경향이다. 세계의 민주화를 위해서는 무력 사용도 정당화될 수 있다고 주장하는 네오콘은 부시 행정부의 외교 정책에 큰 영향을 미쳤다.

은 곧 미국의 보복을 맛보리라고 선언했다. 9월 20일에는 미국이 민주주의 수호를 위한 '테러와의 전쟁'에 뛰어든다고 발표했다. 많은 미국 시민은 2000년에 가까스로 선출된 부시가 9·11 테러 이후 진정한 미국의 대통령이 되었다고 평가했다.

부시 행정부의 강력한 대응은 미국 역사가 새로운 단계로 접어들었고, 세계 지정학적 판도에 전환점이 되었음을 알렸다. 2001년 9월, 부시 대통령은 전 세계가 알카에다라는 절대 악과 싸우는 미국을 지지해줄 것을 희망했다. 다른 많은 보수주의자처럼 그도 9·11 테러를 메시아 사상으로 해석했다.

부시 대통령은 9·11 테러가 미국 민주주의에 대한 공격일 뿐만 아니라, 이슬람 테러리스트들이 기독교를 겨냥한 것이라 여겼다. 그리고 '선善의 문명' 미국은 다른 대륙에도 민주주의를 완전히 뿌리내리게 할 사명을 가졌다고 주장했다. 레이건 재임 기간처럼 부시 행정부의 지정학적 관점은 이분법적이면서도 종교성에 물든 용어로 표현되었다.

부시 행정부는 아프가니스탄 전쟁(2001)과 이라크 전쟁(2003)을 '더 위대한 중동Greater Middle East' 재편을 위한 첫 단계라고 정당화했다. 네오콘의 희망은 아프가니스탄과 이라크에 민주주의 제도를 정착시켜, 모리타니에서 파키스탄에 이르는 '대중동'을 점진적으로 민주화하겠다는 것이었다. 이러한 도미노 이론의 부활에 대해 유럽 동맹국

두 차례의 걸프 전쟁

미국이 냉전의 승리자였음은 사실이지만, 1990년대와 2000년대에 미국의 메시아 사상은 위기를 맞았다.

1989년부터 신세계질서의 수호자 역할을 하겠다고 나선 미국은 1990년 8월, 이라크의 독재자 사담 후세인의 확장주의를 저지하겠다며 35개국으로 구성된 연합국을 지휘했다. 1991년 2월 군사적 승리를 거두었지만 미국은 바그다드까지 밀고 들어가지는 않았다. 이미 큰 전쟁 비용을 치렀고, 아버지 부시 대통령은 재선을 염두에 두고 있었다. 국민이 처한 사회·경제적 상황보다 대외 정책에 더 몰두한다는 비판을 들은 그는 1992년 대선에서 빌 클린턴에게 패했다. 사담 후세인은 아들 부시 행정부가 2003년 3월 이라크 영토에서 '예방 전쟁'을 개시한다는 결정을 내릴 때까지 집권했다. 1990~1991년 벌어진 제1차 걸프 전쟁과 달리 제2차 걸프 전쟁은 국제연합(UN)의 개입 없이 진행되었으며, 장기간 교착 상태에 빠졌다. 국제사회에서 미국의 이미지는 실추되었다. 이라크 군대가 대량 학살 무기를 보유하지 않았다는 사실이 이내 밝혀졌기 때문이다. 이는 미국이 전쟁을 개시한 이유였다. 2011년 미군은 이슬람 테러리즘이 정착한 분열된 이라크에서 철수했다. 미군의 개입은 네오콘이 약속했던 이라크의 '민주화'를 실현하지 못했다.

도미노 이론

프랑스가 베트남의 공산주의 독립운동 단체인 베트민에 패하면 인도차이나반도 주변 국가들이 차례로 공산주의 국가가 될 수 있음을 설명하기 위해, 1954년 미국 아이젠하워 대통령이 사용한 비유적 표현이다.

들은 신중한 태도를 보였다. 특히 프랑스는 미국의 계획이 실현 불가능하고 복음주의적이라며 매우 회의적인 반응을 보였다.

미국이 아프가니스탄(2001~2021)과 이라크(2003~2011)에서 매우 오랫동안 벌였던 '해방 전쟁'은 미국 민주주의 모델에 대한 의구심을 불러일으켰다. 2003년 3월 미군이 이라크에 파병되자 유럽 각국의 대도시에서 시위 물결이 일었다. 미국이 외국(동맹국 포함) 국민을 대규모로 감시하고, 제네바 협약도 무시한 채 적군을 고문하며 국제법을 마음대로 어기자 국제사회도 충격을 받았다. 2004년 미국 군인들이 아부그라이브의 감옥에서 이라크 수용자들을 고문하는 모습이 찍힌 사진들이 폭로되자 세계적인 스캔들이 되었고, 부시 행정부의 지정학적 군사 행동은 영원히 실추된 이미지를 갖게 되었다.

빌 클린턴Bill Clinton(1946~)과
힐러리 클린턴Hillary Clinton(1947~)

"하나 사면 하나는 공짜!" 1992년 대선 선거전에 사용되었던
이 슬로건은 1970년대에 권력에 의해 또는 권력을 위해
맺어진 클린턴 부부의 정치 연금술을 잘 설명해준다. 조용한
성격의 빌 클린턴은 미국의 대통령이 될 사람이었고, 힐러리

클린턴은 남편의 불륜에도 불구하고 곁에 남아 그와 동행하며
그를 격려하고 그에게 조언을 해주었다. 아칸소주의 최연소
주지사였던 빌 클린턴은 1992년 야심 차게 백악관 점령에
나섰다. 중산층과 공감을 상징한 그는 첨단기술, 냉전 종식과
중국의 개방으로 가능했던 무역 자유화가 견인한 높은 경제
성장의 덕을 보았다. 1996년 재선에 성공한 그의 두 번째
임기는 르윈스키 스캔들로 얼룩졌고, 그로 인해 탄핵 위기에
몰렸다. 그리고 2001년에는 힐러리 클린턴이 무대에 등장했다.
상원의원이었던 힐러리는 2008년 민주당 경선에서 낙마했다.
버락 오바마 재임 당시 국무부 장관을 역임하며 대통령이 되기
위한 준비를 했지만 2016년 트럼프라는 벽에 부딪혔다.

조지 W. 부시George W. Bush(1946~)

1980년대 말 조지 W. 부시의 부모가 두 아들 조지와 젭을 두고,
누가 아버지의 뒤를 이어 백악관에 입성할지 내기를 했다면 아마
두 사람 모두 젭에게 승부를 걸었을 것이다. 젭은 플로리다주
상무장관이자 공화당의 떠오르는 스타였기 때문이다. 그러나
1994년 조지는 텍사스주 주지사에 당선되었고, 젭은 플로리다주

주지사 선거에서 패했다. 그리고 2000년에 제43대 미국 대통령이 된 인물은 바로 조지였다. 당시 경쟁자 앨 고어와의 득표수 문제로 재검표가 매우 오래 이루어졌다. 네오콘 그룹인 불카노스에 의해 집권했고 복음주의에 대한 깊은 믿음이 있던 부시 대통령은 9·11 테러로 충격에 빠진 미국의 수장이었다. 악을 물리치기 위한 십자군 전쟁, 테러와의 전쟁은 대통령 지지도를 사상 최저로 끌어내렸다. 2008년 매우 심각한 금융 위기가 발생했고, 이라크와 아프가니스탄에서 끝나지 않는 전쟁이 계속되자 부시 대통령의 집권 말기는 진정한 고난이었다. 이 시기는 이후 민주당의 버락 오바마가 대통령으로 당선되면서 일어날 큰 변화를 예고했다.

'테러와의 전쟁'이 민주주의와 그 가치에 미친 중기적 영향은 무엇일까?

부시 행정부가 민주주의를 위한 새로운 전쟁을 벌이기로 한 결정은 역설적으로 미국 국내에서 오히려 반민주적인 결정을 내리게 했다. 2001년 국가 안보라는 명목으로 '애국법Patriot Act'이 채택되면서 민주주의의 근간인 개인의 자유가 제한되었다. 이로써 제1차 세계대전 당시에 견줄 만한 예외적인 체제가 시행되었다. 특히 이 법은 시민들의

애국법
2001년 9월 11일 이후
미국 의회는 연방국의
경찰력을 강화하는
애국법을 통과시켰다.
헌법은 경찰력을
주 정부의 소관으로
규정했다. 애국법 제정
이후 테러리스트로
의심되는 개인을
도청하거나 압수 수색할
수 있게 되었다. 이 법은
개인의 자유를 매우
중시하는 미국인들에게
강한 인상을 남겼으며,
무역센터 공격으로
그들이 얼마나 큰
충격을 받았는지를
말해준다.

삶에 반했다. 미국 시민들은 자유를 매우 중시한다. 미국에는 신분증이라는 것이 없고 운전면허증이 신분증을 대신한다. 특별한 경우가 아니라면 보수주의자들도 신분 확인 절차가 민주주의 정신에 어긋난다고 생각한다. 예를 들어, 그들은 루스벨트 대통령 시절 만들어진 사회보장번호를 혐오하는데, 겨우 안보라는 명목으로 자유를 희생하고 스스로 굴종하는 시민을 상징한다고 보기 때문이다.

그러나 9·11 테러로 중대한 위기가 발생하자, 미국 영토에 있는 사람들의 신분 확인을 전례 없이 강화해야 한다고 요구하는 보수주의자가 많아졌다. 이들은 연방 정부에 이례적인 경찰력을 부여하는 애국법을 지지했다. 2000년대 이후 연방 정부의 감시 강화와 중대 위기 시 자유 제한 확대를 법제화하려는 고민이 많았다. 그러나 헌법 전문가들은 '중대 위기'라는 개념이 매우 다양하게 해석될 수 있다고 강조했다. 이들은 과거에 닉슨 같은 대통령들이 반민주적인 목적을 위해 헌법을 어떻게 이용했는지 상기시켰다. 또한 국외에서 벌이는 전쟁이 민주주의에 미치는 '부메랑 효과'를 생각하는 것도 중요하다. 1941년 12월 7일 이후 미국은 수백만 명의 징병 군인과 직업 군인을 동원하는 해외 원정을 멈추지 않았다. 양차 세계대전 사이의 유럽처럼 미국 사회와 정계는 지난 20년 동안 아프가니스탄과 이라

미국의 중동관

2001-2004

- ◎ 대중동에 포함된 국가
- ■ 조지 W. 부시 대통령이 규정한 '악의 축'과 '깡패 국가'
- ✽ 2001~2005년에 시작된 주요 전쟁
- ▨ 국가 통제를 벗어난 지역
- ◉ 테러와의 전쟁 당시 미국 편에 선 대중동 국가
- ▨ 나토 비회원국 중 주요 동맹국
- ◆ 미군 기지

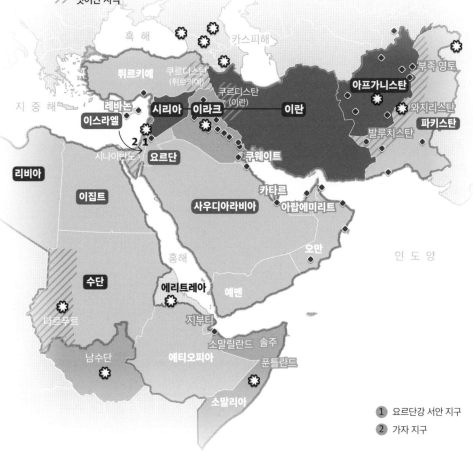

흑 해　　카스피해

튀르키예

쿠르디스탄 (튀르키예)

쿠르디스탄 (이란)

아프가니스탄

부족 영토

와지리스탄

레바논

시리아　이라크　이란

파키스탄

이스라엘

발루치스탄

지 중 해

2 1

시나이반도

요르단

쿠웨이트

리비아

이집트

카타르

아랍에미리트

사우디아라비아

오만

인 도 양

홍해

수단

에리트레아

예멘

다르푸르

지부티

소말릴란드　솔주

남수단

에티오피아

푼틀란드

소말리아

- ① 요르단강 서안 지구
- ② 가자 지구

500 km

출처 : Crozier, 2005 ; Güney et Gokcan, 2010

크에 참전했던 군인들의 귀향으로 '야만화'되었다고까지 말할 수 있다.

현재 미국에는 예비군과 현역 200만 명, 퇴역군인 1600만 명이 살고 있다. 국가를 위해 봉사하거나 봉사를 마친 이 1800만 명의 군인은 가족과 경제 네트워크에 재편입되었다. 이들은 공공 영역에도 많이 진출했다. 이는 민주주의에도 영향을 미쳤는데, 지난 20년간 미국의 정치판은 매우 이례적인 폭력에 노출되었다.

도널드 트럼프 대통령은 선거에서 승리하고 집권을 계속

전 세계에 배치된 미군 수
합동 임무 담당 (단위 : 1000명)

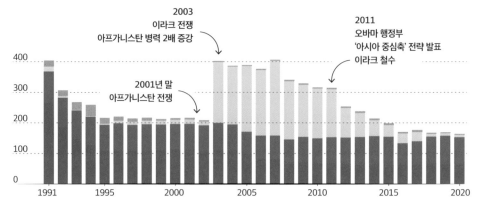

- ● 유럽(유럽 사령부)
- ● 인도태평양(인도-태평양 사령부)
- ● 중동/중앙아시아(중부 사령부)
- ● 아프리카(아프리카 사령부), 북아메리카(북부 사령부), 라틴아메리카(남부 사령부)

2003
이라크 전쟁
아프가니스탄 병력 2배 증강

2011
오바마 행정부
'아시아 중심축' 전략 발표
이라크 철수

2001년 말
아프가니스탄 전쟁

*위 그래프는 해외 미군 기지에 장기간 주둔한 군인의 수를 나타낸다. 긴급 작전 수행을 위해 파견된 군인의 수는 포함하지 않았다.
출처 : 국제전략문제연구소(CSIS)

할 기회를 망칠 만한 언어 사용을 삼갔던 20세기 말 정치인들과는 아주 달랐다. 그는 4년 재임 동안 외국인과 여성에 대한 혐오 발언을 서슴지 않았다. 2021년 의사당을 점령하라고 선동했던 것처럼, 그의 정치적 폭력성은 수사학에 멈추는 것이 아니라 실제로 공화국의 정상적인 기능을 마비시켰다. 그의 이러한 성향은 2024년 7월 13일 펜실베이니아주의 소도시 버틀러에서 벌어진 그에 대한 암살 시도로 돌아왔다. 또한 최근 급격히 증가하는 총기 난사 사건 등 미국 사회 전체로 확산되었다.

야만화
역사학자 조지 모스가 제1차 세계대전이 유럽 사회에 미친 영향을 기술하기 위해 1990년에 제안한 개념이다. 모스는 퇴역군인의 정신이 '야만화'된 것이 양차 세계대전 사이 유럽에서 전체주의가 부상한 이유라고 설명했다.

2001년 이후 미국은 스스로 '전쟁 중'인 사회로 여길까?

21세기 초부터 미국을 전쟁 중인 국가로 여기는 미국인이 많다. 전쟁이 국경 밖뿐만 아니라 미국 본토에서도 일어나고 있다고 생각하는 사람도 많다. 2005년 뉴올리언스 당국은 군대를 동원해서 구호 활동을 펼쳤다. 군인이 도시 곳곳에 배치되었지만 일부 주민은 이를 이해하지 못했다. 24시간 방영되는 뉴스 채널에서는 루이지애나의 황폐한 풍경을 당시 미군이 싸우고 있던 바그다드의 폐허와 비교하기도 했다.

대학생과 흑인 시위가 벌어지던 1960년대에 시작된 경찰

미군의 전 세계 배치 현황

◆ 미군의 주요 해외 기지

파견 병력

53,732
34,000
4,000

〈⚓〉 미 해군 함대

● 1949년 창설 이후 나토 가입국

테러리즘 퇴치를 위한 개입
2018-2022

✳ 전투

✴ 공습

● 2024년 미국 정부가
위협으로 간주한 국가

제1함대가
1973년에 제3함대에
통합되었다.

제3함대

태 평 양

미국

제2함대

대 서 양

출처 : Centre Levada ; American University Digital Research Archive ;
Office Director of National Intelligence ; Watson Institute
for International and Public Affairs ; *Le Monde*

제7함대

일본

북한

괌

중국

러시아

이란

인 도 양

제5함대

독일

프랑스

튀르키예

시리아

사우디
아라비아

소말리아

제6함대

이집트

리비아

말리

니제르

나이지리아

제4함대

기니만

의 군사화가 2001년 이후 더 강화되었고, 이는 미국 영토에 있는 전쟁 무기가 증가하는 데 이바지했다. 그러나 사실 미국 사회 전체가 내부로부터 군사화되었다. 수백만 명에 달하는 퇴역군인이 무기를 구매하고 소유할 수 있기 때문이다. 더구나 그들은 그 무기를 잘 사용할 줄 안다.

이러한 군사화가 미친 영향은 군대와 군사 경제가 자리잡은 남부, 중서부, 서부에서 특히 더 컸다. 군사 기지가 많은 몬태나주가 대표적인 사례다. 주민은 대부분 백인이고, 20년 전부터 정치 논쟁은 이민, 이슬람, 세계 멸망에 대한 두려움 때문에 양극으로 갈라져 벌어지고 있다. 몬태나주 출신의 퇴역군인들이 이러한 정치 논쟁의 변화에 크게 기여했다. 그들의 유일한 외국 경험이 아프가니스탄, 이라크, 시리아의 전쟁터로 한정되므로, 귀국할 때는 미국을 제외한 세상은 극도의 폭력과 미국 민주주의 가치에 대한 근본적인 적대감으로 점철되어 있다고 믿는다. 따라서 2016년 몬태나주의 유권자들이 트럼프의 신고립주의 정책을 지지한 일은 그리 놀랍지 않다.

2001년 9월 14일 조지 W. 부시 대통령의 뉴욕 연설 중에서

우리는 애도의 시간에 빠져 있습니다. 우리 중 많은 이가 너무나도 큰 상실로 고통스러워했고, 우리는 오늘 우리 국민의 슬픔을 표현하고자 합니다. 우리는 실종자와 사망자, 그리고 그들이 사랑한 사람들을 위해 기도하고자 신 앞에 섰습니다. 지난 화요일, 우리나라는 극악무도하고 잔인한 공격을 받았습니다. 우리는 화염과 재, 구부러진 철근을 보았습니다. 오늘은 사람들의 이름이 등장합니다. 우리가 막 읽기 시작한 희생자들의 이름입니다. 그것은 사무실이나 공항에서 일상의 활동에 바빠 하루를 시작했던 사람들의 이름입니다. 그것은 죽음을 맞이한 사람들, 마지막 순간에 가족에게 전화를 걸어 "잘 살아. 사랑해"라고 말한 사람들의 이름입니다. 그것은 살인자들에게 맞서서 지상에 있는 사람들의 살해를 막은 탑승자들의 이름입니다. 그것은 미국의 제복을 입고 직무를 다하다가 죽은 사람들의 이름입니다. 그것은 계단을 달려 올라가 인명을 구하기 위해 불에 뛰어들었다가 죽음을 만난 소방대원들의 이름입니다. 우리는 그 이름을 모두 부를 것입니다. 우리는 시간을 들여 그들의 이야기를 알게 될 것이고, 많은 미국인이 눈물을 흘릴 것입니다.

실종자의 자녀, 부모, 배우자, 가족, 친구들에게 미국을 대표하여 심심한 위로의 말씀을 드립니다. 여러분은 혼자가 아닙니다. 사건이 벌어지고 이제 겨우 사흘이 지났습니다. 미국인들은 아직 역사를 한발 물러서서 바라보지 못합니다. 그러나 역사에 대한 우리의 의무는 명백합니다. 우리는 이 공격에 대응해야 하고, 세상에서 악을 물리쳐야 합니다. 우리를 상대로 간계, 반역, 살인에 의한 전쟁이 일어났습니다. 우리나라는 평화로운 나라이지만, 분노할 때는 무서운 나라입니다. 이 전쟁의 때와 조건을 정한 것은 우리가 아닌 다른 자들이지만, 전쟁은 우리가 정한 방식과 시간에 끝날 것입니다. 국가로서 우리의 결심은 굳건합니다. 그러나 국민으로서 우리가 입은 상처는 아프고 우리를 기도하게 합니다. 이번 주 우리의 기도에는 진정한 바람이 있었습니다. 화요일 뉴욕의 세인트 패트릭 성당에서 한 여성이 말했습니다. "신이 아직 계신지 우리에게 신호를 달라고 기도했습니다." 여전히 연락이 닿지 않는 사람의 사진을 들고 이 병원 저 병원을 찾아다니는 사람들도 기도했습니다. 신이 우리에게 보내는 신호는 우리가 찾는 신호와 늘 일치하는 것은 아닙니다. 우리는 비극에서 신의 길이 반드시 우리의 길은 아님을 배웁니다. 그러나 우리의 가정이나 대성당에서 하는 개인의 고통에 관한 기도는 알려지고 경청되며 이해됩니다. 우리가 하루를 살고 밤을 견딜 수 있도록 도와주는 기도가 있습니다. 그것은 길을 계속 갈 수 있게끔 힘을 주는 친구와 낯선 이의 기도입니다. 또 우리의 의지를 더 높은 뜻에 맡기는 기도입니다. 신은 도덕적 계획에 따라 세상을 창조하셨습니다. 슬픔, 비극, 증오는 잠시뿐입니다. 선함, 기억, 사랑은 끝이 없습니다. 생명의 신은 죽는 자와 애도하는 자를 부축해주십니다. (…) 행운의 나라 미국은 감사할 이유가 참 많습니다. 그러나 그렇다고 고통이 우리를 피해 가지는 않습니다. 세대마다 세상은 인간의 자유를 해치는 적을 만들었습니다. 적들은 미국을 공격했습니다. 우리가 자유의 근거지이자 수호자이기 때문입니다. 우리 선조들의 약속은 우리 시대의 사명입니다. (…) 신이 미국을 축복하시길!

출처 : 미국 국가문서기록관리청

2003년 2월 14일 도미니크 드빌팽 프랑스 외무장관의 국제연합 안전보장이사회 연설 중에서

우리는 1441호 결의안을 만장일치로 채택함으로써 프랑스가 제안한 2단계 절차에 모두 동의했습니다. 그 2단계 절차는 사찰을 통한 비핵화와 이 전략이 실패하면 안전보장이사회가 무력 사용을 포함한 모든 선택지를 검토한다는 것입니다. (…)

현재 드러난 문제는 간단합니다. 사찰단에 의한 비핵화는 출구 없는 길입니까? (…)

상황을 자세히 살펴볼 용기를 가집시다.

우리에게는 두 개의 선택지가 있습니다.

전쟁을 선택하는 것이 가장 빠른 길로 보입니다. 그러나 전쟁에서 이긴 뒤 평화를 구축해야 한다는 사실을 잊지 맙시다. 그리고 현실을 부정하지 맙시다. 평화 구축은 멀고도 험한 길입니다. 이라크의 통일을 유지하고, 무력에 큰 타격을 입은 국가와 지역의 안정을 재건해야 하기 때문입니다. 전망이 이러한데, 이라크의 효율적이고 평화적인 비핵화의 길로 조금씩 나아갈 수 있는 대안을 사찰이 제공하고 있습니다. 그것을 선택하는 일이 가장 안전하고 빠른 방법이 아닐까요?

따라서 전쟁의 길이 사찰보다 더 빠른 길이라고 단언할 수 있는 사람은 없습니다. 전쟁의 길이 더 안전하고 정의로우며 안정적인 세상을 열어주리라고 단언할 수 있는 사람도 없습니다. 전쟁은 늘 실패의 대가이기 때문입니다. 전쟁이 우리에게 닥친 수많은 도전에 대한 유일한 해결책일까요? (…)

우리의 행동이 권위를 갖는 것은 국제사회의 단합 때문입니다. 섣부른 군사 개입은 그 단합을 위험에 빠뜨릴 수 있습니다. 그렇다면 우리의 행동은 정통성을 잃을 것이고, 시간이 지나면 그 효율성이 사라질 것입니다.

그러한 개입은 이 상처 입은 지역의 안정에 막대한 피해를 낳을 것입니다. 그것은 부당함을 더 강하게 느끼게 할 것이며, 긴장을 악화시키고 다른 분쟁의 길을 열 것입니다.

우리는 모두 같은 것을 우선순위로 두고 있습니다. 테러리즘을 가차 없이 무찌르는 것입니다. 그 싸움은 빈틈없는 결단력을 요구합니다. 이것은 9·11 테러 이후 우리가 우리 국민 앞에 져야 할 가장 큰 책임 중 하나입니다. (…)

이틀 전 파웰 미 국무부 장관은 알카에다와 이라크 정부가 연관되어 있을 수 있다고 말했습니다. 그러나 우리가 동맹국들과 함께 취합한 정보에 따르면, 그러한 관계가 있다고 말해줄 수 있는 증거는 전혀 없습니다. 우리는 오히려 현재 반대 의견이 나오고 있는 군사 행동이 가져올 영향을 가늠해야 합니다. 군사 개입은 사회, 문화, 민족 간의 분열, 테러리즘이 양분으로 삼는 분열을 악화시키지 않을까요? (…) 이 국제연합이라는 성전에서 우리는 이상과 양심을 수호하는 사람들입니다. 무거운 책임감과 막대한 명예를 누리는 우리는 평화로운 비핵화를 우선순위로 두어야 합니다.

오늘 여러분에게 이런 말을 하는 것은 유럽과 같은 구대륙에 있는 오래된 나라 프랑스입니다. 프랑스는 전쟁과 점령, 야만성을 경험한 나라입니다. 과거를 잊지 않고 미국과 그 외 다른 나라에서 와준 자유의 전사들에게 빚졌음을 아는 나라입니다. 역사와 인류 앞에서 쓰러지지 않고 버티기를 멈추지 않은 나라입니다. 프랑스는 자국의 가치를 지키며 국제사회와 함께 단호히 행동하고자 합니다. 프랑스는 더 나은 세상을 함께 만들어갈 우리의 능력을 믿습니다.
감사합니다.

출처 :《르 피가로》

2017년 1월 20일 도널드 트럼프의 대통령 취임 연설 중에서

그러나 그것은 과거이고, 우리는 이제 미래만 바라봅니다. 우리가 오늘 이 자리에 모인 것은 오늘부터 모든 도시, 세계 모든 수도, 모든 권력의 장소에 새로운 명령을 보내기 위해서입니다. 오늘 이후 우리나라는 새로운 관점으로 통치될 것입니다. 그것은 미국 우선주의입니다. 미국 우선주의!
무역, 조세, 이민, 외교에 관한 모든 결정은 미국의 노동자와 가족에게 유리하도록 내려질 것입니다. 우리는 우리의 제품을 생산하고, 우리의 기업을 빼앗아 가고 우리의 일자리를 없애는 다른 나라의 침입으로부터 우리의 국경을 지켜야 합니다. 그렇게 되면 더 많은 번영과 힘이 생길 것입니다. 나는 전력을 다해 여러분을 위해 싸울 것이고, 여러분을 절대 포기하지 않을 것입니다. 미국은 다시 승리하기 시작할 것입니다. 그 어느 때보다 더 많은 승리를 거둘 것입니다. 우리는 우리의 일자리, 우리의 국경, 우리의 부, 우리의 꿈을 돌아오게 할 것입니다. 우리는 우리의 아름다운 나라 전역에서 새로운 도로, 고속도로, 교각, 공항, 터널, 철도를 건설할 것입니다.
우리는 우리의 시민들을 살인에서 구할 것이고, 미국인의 손과
노동력으로 나라를 재건하며 그들에게 일자리를 되찾아줄 것입니다.
우리는 두 가지 단순한 규칙을 따를 것입니다. 미국 제품을 사고
미국인을 고용하는 것입니다. 우리는 세계 각국과 우정과 호의를
나누지만, 각자의 이익을 최우선으로 두는 것이 모든 국가의 권리임을
잊지 않을 것입니다. 우리는 그 누구에게도 우리의 생활방식을 강요할
생각이 없지만, 그것을 모범으로 빛나게 할 것입니다. 우리는 빛나서
모두가 우리를 따르도록 할 것입니다. 우리는 옛 동맹을 강화하고
새로운 동맹을 맺어 이슬람 테러리즘에 대항하는 문명화된 세계를
통합할 것입니다. 우리는 이슬람 테러리즘을 지구상에서 영원히
사라지게 할 것입니다. 우리 정책의 근간은 미국에 대한 완전한
충성입니다. 우리는 국가에 대한 충성으로 서로에 대한 충성심을
회복할 것입니다. 여러분이 애국주의에 마음을 열면 편견은 사라질
것입니다. 성서는 신의 민족이 하나 되어 살아가는 것이 얼마나
좋은지 말하고 있습니다. (…)
우리는 크게 보고 큰 꿈을 꿔야 합니다. 우리는 국가가 노력하는 한
살아남는다는 것을 압니다. 우리는 말만 하고 행동하지 않으며 불평만
할 뿐 아무것도 하지 않는 정치인을 용납하지 않을 것입니다. 헛된
말만 하는 때는 지났습니다. 행동의 때가 왔습니다. 불가능하다고
하는 말은 듣지 마십시오. 용기와 힘, 미국의 정신에 저항하는 도전은
없습니다. 우리는 실패하지 않을 것입니다. 우리나라는 발전하여
다시 번영할 것입니다. 우리는 새천년의 시작점에 있습니다. 우주의
비밀을 파헤치고, 질병으로부터 인류를 구하고, 미래의 산업과

기술을 개발하는 중입니다. 나라에 대한 새로운 자부심이 우리의
영혼을 채우고 우리의 안목을 높이며 분열을 치유할 것입니다. 우리의
군인들이 절대 잊지 못할 옛 지혜의 말이 있습니다. 우리의 피부가
검든 노랗든 하얗든, 우리는 모두 애국자의 붉은 피를 흘린다는
것입니다. 우리는 모두 똑같이 영광스러운 자유를 누리고 똑같은
미국의 국기에 경례합니다. 아이가 디트로이트의 교외에서 태어나든,
바람 부는 네브래스카의 평원에서 태어나든, 같은 밤하늘을 보고 같은
꿈을 꾸며 같은 절대 신으로부터 생명의 숨결을 받습니다. (…)
감사합니다. 신이 여러분을 축복하시기를. 신이 미국을 축복하시기를.
감사합니다. 신이 미국을 축복하시기를. (…)

출처 : 미국 국가문서기록관리청

**1984년 이후 미국에서 벌어진
최악의 총기 난사 사건**

1984

팜 선데이
뉴욕주 뉴욕
사망자 10명

2009

제네바 카운티
앨라배마주
사망자 11명

2009

육군 기지 포트 후드
텍사스주
사망자 14명

2009

빙엄턴
뉴욕주
사망자 14명

2012

오로라 극장
콜로라도주 오로라
사망자 12명

2012

샌디훅 초등학교
코네티컷주, 뉴타운
사망자 28명

2013

워싱턴 해군 야드
워싱턴 D. C.
사망자 13명

2019

엘파소 월마트
텍사스주 엘파소
사망자 23명

2019

산타페 고등학교
텍사스주 산타페
사망자 10명

2018

유대교 회당
펜실베이니아주 피츠버그
사망자 11명

2019

버지니아비치 시립센터
버지니아주 버지니아비치
사망자 13명

2021

볼더
콜로라도주
사망자 10명

2022

유밸디 고등학교
텍사스주 유밸디
사망자 22명

1984
샌이시드로 맥도널드
캘리포니아주 샌디에이고
사망자 19명

1986
에드먼드 우체국
오클라호마주 에드먼드
사망자 15명

1990
잭슨빌
플로리다주
사망자 12명

2007
버지니아 공과대학
버지니아주 블랙스버그
사망자 33명

1999
컬럼바인 고등학교
콜로라도주 컬럼바인
사망자 15명

1991
루비스 카페테리아
텍사스주 킬린
사망자 24명

2015
샌버너디노 지역 센터
캘리포니아주 샌버너디노
사망자 16명

2016
펄스 나이트클럽
플로리다주 올랜도
사망자 50명

2017
라스베이거스 하비스트 축제
네바다주 패러다이스
사망자 61명

2018
사우전드오크스 술집
캘리포니아주 사우전드오크스
사망자 13명

2018
파크랜드 고등학교
플로리다주 파크랜드
사망자 17명

2017
퍼스트 침례 교회
텍사스주 서덜랜드 스프링스
사망자 27명

2022
탑스 프랜들리 마켓
뉴욕주 버팔로
사망자 10명

2023
루이스턴
메인주
사망자 19명

2023
몬테레이 파크
캘리포니아주
사망자 12명

2021

미 의사당 점령

나약함으로는 나라를 되찾지 못할 것입니다.
힘을 보여줘야 하고, 힘이 있어야 합니다.

—

2021년 1월 6일
도널드 트럼프의 워싱턴 연설

나약함으로는 나라를 되찾지 못할 것입니다.
힘을 보여줘야 하고, 힘이 있어야 합니다. (…)
우리는 의사당이 할 일을 하고 합법적으로
등록한 유권자의 표만 세기를 요구합니다. 나는
여기 모인 모든 사람이 머지않아 의사당으로 가서
평화적이고 애국적으로 목소리를 내리라는 것을
압니다.
_도널드 트럼프

**2021년 1월 6일이 미국 민주주의 역사에서 단절을
상징하는 이유는 무엇일까?**

2020년 11월 대선에서 조 바이든에게 패했을 때, 아직 집
권 중이었던 도널드 트럼프는 자신의 패배를 인정하지 않
았다. 2021년 1월 6일, 그는 상원과 하원이 민주당 후보의
대선 승리를 확정하는 것을 막으려 했다. 그는 지지자들에
게 믿지 못할 선거 결과를 반대하라고 부추기면서 의사당
공격을 지지했다. 이례적인 방식으로 '민주적 권력 이양'
이라는 전통을 통째로 조롱했다. 어떤 의미에서는 생방송
으로 방영된 의사당 공격 모습이 9·11 테러만큼이나 민주

주의를 심각하게 뒤흔들었다.

신임 대통령 선출과 취임 사이의 기간인 정권 이양기는 미국인에게 신성한 의미를 띤다. 이 시기는 정확한 의례로 구성되어 있다. 미국의 역사를 보면 최대 4개월이나 되는 이 기간에 링컨이나 루스벨트 같은 대통령은 미국 전역을 돌다가 워싱턴에 도착해 행정부를 꾸리기도 했다. 새로운 대통령이 선출되었을 때 고위 공직자들이 사임하지 않는 경우는 드물다. 따라서 백악관 사람들은 4년이나 8년마다 대부분 교체된다.

일반적으로 행정부의 교체는 평탄하게 이루어진다. 조지

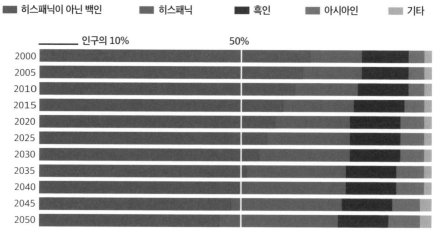

곧 과반을 넘을 소수 민족
인종 또는 출신에 따른 미국 인구 분포

출처 : UN Cemsus

미국 대통령 선거 결과
2020년 11월 3일

후보별 득표수

306 조 바이든	232 도널드 트럼프

선거인단 **538명** 중 **270명**의
표를 얻어야 승리한다.

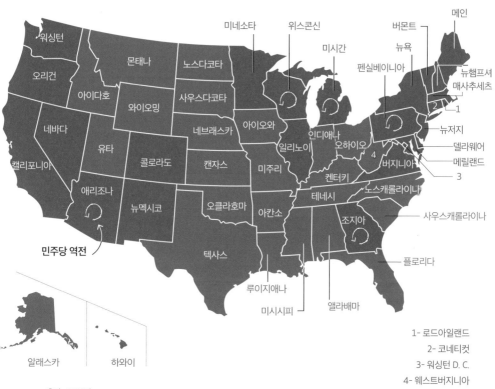

● 민주당이 승리한 주   ● 공화당이 승리한 주

워싱턴
오리건
몬태나
아이다호
노스다코타
미네소타
와이오밍
사우스다코타
위스콘신
미시간
버몬트
메인
뉴욕
펜실베이니아
뉴햄프셔
매사추세츠
2
1
네바다
유타
콜로라도
네브래스카
아이오와
일리노이
인디애나
오하이오
4
뉴저지
델라웨어
메릴랜드
3
캘리포니아
애리조나
뉴멕시코
캔자스
미주리
켄터키
버지니아
노스캐롤라이나
사우스캐롤라이나
오클라호마
아칸소
테네시
조지아
텍사스
루이지애나
미시시피
앨라배마
플로리다

민주당 역전

알래스카   하와이

출처 : AP 통신

1- 로드아일랜드
2- 코네티컷
3- 워싱턴 D. C.
4- 웨스트버지니아

H. W. 부시 대통령(1989~1993년 재임)은 젊은 후임인 빌 클린턴 대통령에게 조언을 담은 편지를 남기기도 했다. 2001년에는 클린턴 행정부의 일원들이 조지 W. 부시의 집무실 키보드에서 'W'를 없앴다는 소문도 있었지만, 그것이 본질은 아니다. 2021년 1월 이전에는 공화당과 민주당 사이의 긴장에도 불구하고 퇴임하는 대통령은 기꺼이 권력을 이양했다.

선거 결과를 인정하지 않고 백악관 퇴거를 거부한 트럼프는 공화국의 가장 중요한 의례를 대놓고 어겼다. 예상치 못한 그의 행동에 정치학자들과 사회학자들이 가지고 있던 해석의 틀이 무너졌고, 지금까지 미국 대통령들이 가지고 있던 신성한 아우라가 무너졌다.

의사당을 공격한 이유는 무엇일까?

그것이 2021년 1월 사건이 갖는 가장 충격적인 측면일 것이다. 트럼프의 부름에 응해서 무력으로 의사당에 난입한 사람들은 민주주의를 구한다고 확신했다. 루스벨트 대통령을 무너뜨리려고 쿠데타를 시도했던 1930년대 파시스트들과 달리, 의사당 공격자들은 정치인들이 오랫동안 변질시킨 공화국의 이상을 되살린다고 생각했다. 그들은 자

의사당 공격
2021년 1월 6일

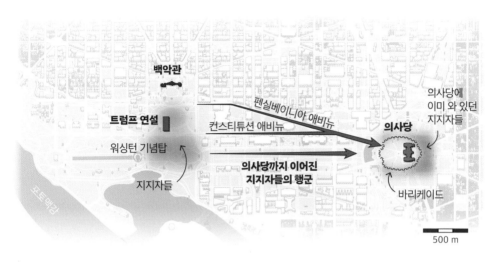

백악관

트럼프 연설

펜실베이니아 애비뉴

컨스티튜션 애비뉴

워싱턴 기념탑

지지자들

**의사당까지 이어진
지지자들의 행군**

의사당

의사당에
이미 와 있던
지지자들

바리케이드

500 m

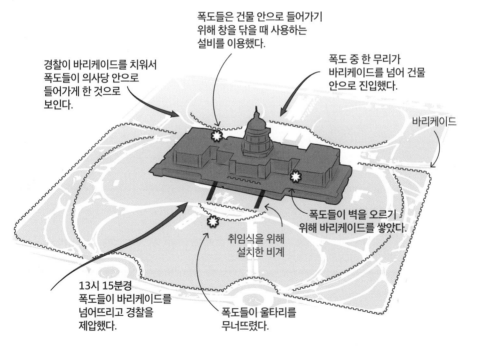

폭도들은 건물 안으로 들어가기
위해 창을 닦을 때 사용하는
설비를 이용했다.

폭도 중 한 무리가
바리케이드를 넘어 건물
안으로 진입했다.

경찰이 바리케이드를 치워서
폭도들이 의사당 안으로
들어가게 한 것으로
보인다.

바리케이드

폭도들이 벽을 오르기
위해 바리케이드를 쌓았다.

취임식을 위해
설치한 비계

13시 15분경
폭도들이 바리케이드를
넘어뜨리고 경찰을
제압했다.

폭도들이 울타리를
무너뜨렸다.

출처 : 《뉴욕타임스》

기 자신들이 백인의 '영원한' 미국, 그들이 숭배하는 건국의 아버지들이 원했던 미국을 상징한다고 생각했다.

트럼프는 2016년 선거전과 재임 기간 내내 민주당의 주요 인사를 둘러싼 루머를 다시 퍼뜨리려 했다. 자신의 정적들이 민주주의를 조종하며 수십 년 동안 선거 규칙을 어긴 사기꾼들이라고 말함으로써 2020년 11월 패배를 민주주의의 스캔들로 보게 했다. 부패한 정치 시스템 때문에 미국인들이 선거를 '도둑' 맞았다는 것이다.

대통령 선거 결과가 문제를 일으킨 것이 처음이었을까?

그렇다. 그러나 2020년 대선을 더 긴 역사 속에서 바라보는 것이 중요하다. 21세기로 넘어오면서 대통령 선거 결과는 의사당 공격까지는 아니지만 대부분 이의 제기를 일으켰다. 2000년에는 선거가 끝나고 몇 주 뒤 대법원이 판결을 내린 후에야 민주당 후보 앨 고어가 공화당 후보 조지 W. 부시의 승리에 승복하고 플로리다주의 재검표를 요구하지 않았다. 2008년 버락 오바마는 하와이에서 태어난 것처럼 가짜 출생증명서를 제출했다는 비난을 받았다. 그렇게 되면 그는 출마 자격을 잃는 것이었다. 2016년에는 힐러리 클린턴이 비록 패배했지만 트럼프보다 더 많

버락 오바마 Barack Obama(1961~)

2008년 11월, 미국 역사상 처음으로 흑인이 대통령에
선출되었다. 버락 오바마는 일부 미국인들의 인종차별을
극복하고 최고 권력자가 되었다. 그는 자신의 외가가 중서부에
있고 자신이 아메리칸 드림의 사례라고 강조하면서 인종
문제를 능숙하게 다루었다. 그러나 집권 이후에는 과도한
기대에 부딪혔다. 그가 취임하고 겨우 몇 달이 지나서 받은 노벨
평화상이 그 증거다. 그는 첫 번째 임기에 '오바마 케어'라고
명명된 건강 보험 개혁과 경제 활성화에 힘을 쏟았다. 의회에서
민주당이 다수를 차지하지 못하는 상황에서 그는 국제 문제에
집중했다. 빈 라덴 제거나 이란 핵 협상은 성과로 남았지만, IS의
세력 확대나 관타나모 수용소 폐쇄 등은 실패로 평가된다.

도널드 트럼프 Donald Trump(1946~)

한때 그저 괴짜 후보로 여겨졌던 도널드 트럼프는 수많은 예측을
뒤엎고 2017년 1월 대통령이 되었다. 여성에 대한 천박한 언사,
라티노에 대한 모욕적 언행, 러시아의 선거 개입 의혹 등 그를
패배시킬 수 있었던, 혹은 그래야만 했던 이유들은 오히려 엘리트
계층에 대한 혐오와 백인 노동자 계층의 보호라는 포퓰리스트적
담화를 강화하기만 했다. '미국을 다시 위대하게Make America
Great Again'라는 그의 슬로건은 성공을 거두었지만, 불안정한
국가 경영은 입지를 약화시켰다. 복음주의자들의 지지를
받은 트럼프는 이스라엘 주재 미국 대사관을 텔아비브에서
예루살렘으로 옮겼다. 나토와 유럽 파트너 국가들에 매우

비판적이었던 그는 걸프만의 군주제 국가들과 관계를 강화하고
이란과는 관계를 단절했으며, 북한의 독재자를 만나고 중국과
멕시코(이민 문제)에는 목소리를 높이는 등 예측 불가의 외교
정책을 펼쳤다. 환경 정책에 적대적이었던 그는 화석 연료 사용을
선호했다.

은 표를 받았으니 대통령직을 수행할 명분이 더 있다고 주
장하는 미국인이 많았다. 2020년 퇴임하는 트럼프 대통령
은 민주당이 일부 주에서 사용한 전자투표 기기를 조작했
다고 비난했다. 이처럼 선거 결과에 승복하지 않는 사례가
많다는 사실은 2000년 이후 미국의 민주주의가 크게 약화
했다는 뜻이다.

언뜻 보기에 미국 민주주의의 쇠퇴는 충격적이다. 제2차
세계대전 당시 원자폭탄을 만들고 1969년 인간을 최초로
달에 보낸 국가가 투표 집계에서 왜 그런 어려움에 부딪
혔을까? 투표소 앞에 늘어선 긴 줄은 선거가 벌어질 때마
다 인상적인 풍경을 만들어낸다. 더 근본적으로 살펴보면,
미국 민주주의의 약화는 민주주의의 규칙에 대한 의구심
이 커진 게 원인이다. 그것은 일부 주에서 부활한 '게리맨
더링'과 흑인의 선거권을 제한하는 법 제정을 보면 알 수
있다.

미국 선거인단

4년마다 선출되어
대통령과 부통령을 뽑는
사람들이다. 선거인단에
뽑힌 다음 달부터
자신이 거주하는 주의
수도에 모여 투표하며,
승자독식제를 채택해서
한 후보에게 표를
몰아준다.

경합 주

선거에서 공화당과
민주당이 승리할
가능성이 50 대
50인 주를 일컫는다.
대선 기간에 정치 동향과
언론의 관심이 이 경합
주에 집중된다.

사반세기 동안 미국이 겪은 이 모든 어려움 때문에 미국인들은 제도에 대한 신뢰를 잃었다. 오랫동안 찬양받던 '선거인단' 제도는 때로 민주주의의 탈선을 초래한다는 비난을 받았다. 2016년 트럼프는 여러 경합 주swing state에서 승리를 거둬 자신보다 300만 표나 더 얻은 힐러리 클린턴을 물리칠 수 있었다. 의회는 로비스트들이 좌지우지하며, 그곳이 대표해야 하는 국민에게는 신경 쓰지 않는 곳으로 그려진다. 트럼프의 집권 이전, 그보다 훨씬 얌전했던 오바마도 2008년 대선에서 워싱턴의 '시스템'에 반대하며 민주주의와 의회를 되살리겠다는 공약을 내건 바 있다.

21세기에는 미국 대법원도 존중을 덜 받는 듯하다. 대법원의 중요한 판결이 시대의 흐름에 역행한다는 평가를 받고 있다. 미국 역사에서 대법원 판사들은 오랫동안 헌법 준수와 법률의 변화를 양립시켜, 차별당하는 주민과 여성의 권리를 수호하려는 사회 운동의 요구에 발맞추었다. 1954년 '브라운 대 토피카 교육위원회 재판'이 대표적인 사례다. 그러나 대법원은 낙태의 권리를 보장했던 1973년 '로 대 웨이드 사건'의 판결을 뒤집고 2020년 낙태를 금지하는 주에 대해 아무런 조치도 하지 않음으로써 국민 대다수의 생각과는 다른 행보를 보였다. 오늘날 판사들은 헌법의 권리 수호와 판례 존중보다 문화전쟁에 더 관심을 두는 듯하다. 미국은 여전히 세계 최대의 민주주의 국가임을 자랑하지만, 미국의 제도들은 점점 더 제대로 기능하지 못하고 합의를 도출하는 것도 힘들어한다. 대선 결과 불복, 국민의 이익을 섬겨야 할 의회의 입법 능력에 대한 의구심, 대법원 판결에 대한 이의 제기 등은 우려스러운 징후다. 그것은 21세기 미국의 민주주의가 병들었다는 부정할 수 없는 증거다. 조 바이든의 대법원 개혁—1937년 루스벨트의 개혁 실패 이후 최초—에 대한 바람이 현재 미국 제도의 위기에 대해 많은 것을 말해준다.

각 주의 낙태권 허용 여부

- 허용
- 위험
- 제한
- 금지

워싱턴
오리건
아이다호
몬태나
노스다코타
미네소타
위스콘신
미시간
버몬트
뉴욕
메인
뉴햄프셔
매사추세츠
2 — 1
펜실베이니아
뉴저지
델라웨어
메릴랜드
3
네바다
캘리포니아
유타
와이오밍
사우스다코타
네브래스카
아이오와
일리노이
인디애나
오하이오
4
버지니아
콜로라도
캔자스
미주리
켄터키
노스캐롤라이나
애리조나
뉴멕시코
오클라호마
아칸소
테네시
사우스캐롤라이나
텍사스
루이지애나
미시시피
앨라배마
조지아
플로리다

알래스카
하와이

1- 로드아일랜드
2- 코네티컷
3- 워싱턴 D. C.
4- 웨스트버지니아

출처 : 《르몽드》

낙태권의 퇴보

1973년 이전에는 각 주가 낙태권을 규정했다. 1960년대에 일어난 제2세대 여성주의 운동은 낙태 접근권을 중요한 요구사항 중 하나로 삼았고, 여러 주가 19세기 말부터 낙태를 범죄로 규정한 법을 폐지하기로 했다. 그러나 텍사스주는 달랐다. 1970년 텍사스의 주법은 산모의 생명이 위험하지 않을 때 행해지는 낙태를 범죄로 보았다.

텍사스주의 법률과 사법 시스템으로 한 젊은 여성이 낙태를 못 하게 되자, 그녀의 변호사들이 대법원으로 소송을 가져갔다. 1973년에 다뤄진 이 '로 대 웨이드 사건'에서 임신을 중단할 결정은 사생활 존중에 관한 권리에 해당한다는 판결이 나왔다. 낙태권은 수정헌법 제14조가 보장하는 권리이므로, 텍사스의 관련 주법은 즉각 무효화되었다.

그러나 이후 50년 동안 '로 대 웨이드 판결'은 논쟁거리가 되었다. 여성 운동가들 중 일부는 낙태권이 절대적인 권리로 인정받지 못한 것을 안타까워했다. 1973년 대법원 판결은 문화전쟁의 주요 쟁점이기도 했다. 복음주의를 신봉하는 보수주의자들은 낙태권의 폐지를 계속해서 주장했다. 트럼프 재임 시절 보수주의 판사가 많아진 대법원은 2022년에 '로 대 웨이드 판결'을 뒤집는 '돕스 대 잭슨 판결'을 내렸다. 이로 인해 낙태권은 헌법의 보호를 받지 못하게 되었고, 미국 남부 대부분의 주에서 낙태는 매우 제한되거나 아예 금지되었다.

오늘날 미국 민주주의는 다시 도약할 수 있을까?

다시 한번 말하지만, 미국의 역사는 단선적이지 않다. 남북전쟁으로도 해칠 수 없었던 연합은 지금까지 이어지고 있다. 미국은 '제2차 남북전쟁'으로 불릴 만큼 폭력이 난무하던 1960년대에도 살아남았다. 2024년 현재 미국에서 민주주의의 갱생을 희망할 수 있는 이유는 적어도 두 가지가 있다.

첫째, 지금까지 미국은 하나의 공화국, 하나의 헌법을 유지해왔다. 이는 건국의 아버지들이 갈등을 내부적으로 풀 수 있는 시스템을 만들었다는 뜻이다. 건국과 관련된 문헌들의 내용이 모호하기 때문에 재해석되거나 수정 조항으로 보완할 수 있다. 그렇게 해서 새로운 상황에 적응해 나가는 것이다. 미국은 이러한 제도의 유연성을 바탕으로 민주주의의 탈선을 피할 수 있을 것이다.

둘째, 민주주의를 지지하는 젊은 층의 활력이 존재한다. 2024년 7월 조 바이든이 대통령 후보에서 깜짝 사퇴하기 전에는 그의 나이가 노인의 힘을 보여주는 것이었다. 즉 의학 발전의 힘을 빌려 여전히 활동할 수 있는 노인들이 미국의 정치, 경제, 문화, 언론의 권력을 얼마나 꽉 잡고 있는지를 말이다. 그러나 전국적으로 윗세대에 권력이 집중된 현상이 '흑인의 생명도 중요하다' 시위와 같이 청년층이 이끄는, 좀 더 분산화된 사회 운동의 역동성을 막지는 못했다. 환경 운동이나 여성 운동도 마찬가지다. 이 운동들은 현재 도시와 주 단위로 조직화되는 경향을 보인다. 이러한 사회 운동 참여자 대부분은 트럼프에게 매우 적대적이며, 다문화적이고 개방적이며 관용적인 미국을 설파한다.

오늘날의 미국과 1920년대의 미국을 비교해볼 만하다. 광

각 주의 사형제도 현황

- ● 사형제 폐지
- ● 실질적인 사형제 폐지
- ● 사형제 시행

워싱턴 오리건 아이다호 몬태나 노스다코타 미네소타 위스콘신 미시간 버몬트 메인 뉴욕 뉴햄프셔 매사추세츠 네바다 와이오밍 사우스다코타 아이오와 인디애나 오하이오 펜실베이니아 뉴저지 델라웨어 메릴랜드 캘리포니아 유타 콜로라도 네브래스카 일리노이 켄터키 버지니아 네바다 애리조나 뉴멕시코 캔자스 미주리 테네시 노스캐롤라이나 사우스캐롤라이나 오클라호마 아칸소 조지아 플로리다 텍사스 루이지애나 미시시피 앨라배마

알래스카 하와이

1- 로드아일랜드
2- 코네티컷
3- 워싱턴 D. C.
4- 웨스트버지니아

출처 : peinedemort.org

란의 1920년대Roaring Twenties에 대도시는 미국 사회를 지배했고, 워런 G. 하딩 대통령(1921~1923년 재임)과 캘빈 쿨리지 대통령(1923~1929년 재임) 집권 시절에는 사업가들이 미국을 마음대로 좌지우지할 수 있었던 것으로 보인다. 특히 하딩 대통령 재임 시절은 수많은 스캔들로 물들었다. 뉴욕과 시카고 같은 대도시와 남부에서 새로운 개혁주의의 아이디어가 샘솟고 있다는 사실을 알아차린 보수주의자들은 별로 없었다. 그때 이 새로운 흐름에 관심을 가졌던 루스벨트 대통령이 개혁주의 아이디어들을 집대성해서 1930년대에 '산업 민주주의'와 '전 세계의 민주주의 수호'라는 자신의 공약으로 내걸었다.

2020년대 미국에서는 정치적 아이디어가 수를 헤아릴 수 없을 정도로 많다. 따라서 루스벨트 대통령처럼 한 정치인이나 팀이 그 아이디어들을 통합해서 진정한 복지, 환경, 다문화 정책을 구축할 수 있기를 바라야 한다. 루스벨트 대통령을 그저 따라 하는 것—조 바이든의 '그린 뉴딜'이 그랬다—이 아니라, 새로운 민주주의 모델을 만드는 것이 중요하다. 따라서 미국 민주주의가 앓고 있는 병에 대한 해답은 미국의 가장 젊은 세대가 쥐고 있다.

1993년 1월 20일 조지 H. W. 부시가 빌 클린턴에게 보낸 편지

친애하는 빌,

방금 집무실에 들어왔을 때 나는 4년 전 느꼈던 황홀함과 경외감을
느꼈습니다. 당신도 그 감정을 똑같이 느낄 것입니다.
이곳에서 최고의 행복을 누리기를 빕니다. 나는 몇몇 대통령이 말한
고독감을 느낀 적이 없습니다. 당신은 부당한 비판으로 한층 더
어려워진 시기를 겪을 것입니다. 내가 조언을 해줄 만한 가장 적합한
사람은 아니겠지만, 그런 비판이 당신의 사기를 꺾거나 당신이 가고자
하는 길에서 멀어지게 두지 마십시오. 이 메모를 읽는 순간에 당신은
우리의 대통령일 것입니다. 당신에게 좋은 일만 가득하기를 빕니다.
당신의 가족들에게도요. 당신의 성공이 우리나라의 성공입니다.
행운을 빕니다.

조지

출처 : 미국 국가문서기록관리청

2021년 1월 6일 도널드 트럼프의 워싱턴 연설 중에서

언론은 얼마나 많은 군중이 모였는지 보여주려 하지 않습니다. 저도
오늘 텔레비전을 켰을 때 이곳에 있는 수천 명의 사람을 보았습니다.
그러나 여러분은 여러분 뒤에 있는 수십만 명의 사람은 보지

못합니다. 언론이 보여주기 싫어하기 때문입니다. (…)

저는 진지합니다. 저는 다시 한번 여러분에게 고맙다고 말하고 싶습니다. 이렇게 많이 와주었고, 여러분과 이번 선거 결과의 투명성과 우리의 영광스러운 공화국의 통합을 중요하게 생각하는 수십만의 애국자 앞에 있다는 것이 큰 영광입니다. 우리 중 그 누구도 우리가 이룬 선거 승리를 극좌파 민주당원들이 빼앗아 가는 것을 보고 싶어 하지 않습니다. 그러나 지금 민주당원들은 그런 일을 하고 있습니다. 가짜 뉴스를 만들어내는 언론이 우리의 승리를 빼앗아 가는 것을 보고 싶지 않습니다. 그러나 언론은 그런 일을 하고 있고, 앞으로도 계속 그럴 것입니다. 우리는 물러나지 않을 것입니다. 우리는 (승리를) 양보하지 않을 것입니다. 그런 일은 없을 것입니다. 누군가 (승리를) 도둑질한다면 우리는 양보하지 않을 것입니다. 우리나라는 그런 일이 지겹습니다. 더는 참을 수 없습니다. 여러분이 만들어낸 표현 중 하나를 인용하자면, 우리는 도둑질을 멈추게 할 것입니다. 오늘 나는 여러분에게 우리가 선거에서 이겼고, 그것도 압도적으로 이겼음을 보여주는 증거 중 일부를 내놓을 것입니다. 그것은 공정한 선거가 아니었습니다. (…)

오늘 우리는 매우 중요한 사건을 목도합니다. 여기에서 아주 가까운 곳에서 사건이 벌어지는 것을 보게 될 것이기 때문입니다. 나는 그것을 볼 것입니다. 역사가 만들어지는 장면이기 때문입니다. 우리는 우리의 지도자들이 위대하고 용맹한지 아닌지 볼 것이고, 자신에 대해 부끄러워해야 할 지도자들인지 아닌지 보게 될 것입니다. 역사 앞에, 영원 앞에 그들은 부끄러울 것입니다. (…)

여러분은 위법한 대통령을 두게 될 것입니다. 여러분이 갖게 될

것은 그것입니다. 그러나 우리는 그것을 그대로 내버려 두지 않을
것입니다. 그것이란 가짜 뉴스를 만드는 언론으로부터는 들을 수
없는 사실입니다. 그것은 언론들의 은폐 시도에 속합니다. 그들은
그것에 대해 말하고 싶어 하지 않습니다. 그들은 그것에 대해 말하고
싶어 하지 않습니다. 사실 내가 그 사실들에 대해 말을 하기 시작하자
갑자기 많은 텔레비전과 카메라가 꺼졌습니다. 정말입니다. 그리고
저기에도 카메라가 많지만, 많은 카메라가 꺼졌습니다. (…)
우리는 압도적으로 이겼습니다. 압도적으로요. 그들은 선거 결과를
거부하는 것이 미국적이지 않다고 주장합니다. 그러나 이번 선거는
미국 역사상, 그리고 아마 세계 역사상 가장 부패한 선거였습니다.

출처 : 미국 국가문서기록관리청

에필로그

2024년 미국 대선 선거전은 그 어떤 규칙도 따르지 않는 것처럼 보인다. 총격, 협박, 이변……. 미국의 민주주의는 끝을 알 수 없는 난기류 지역에 들어섰고, 선거전은 살육 게임을 닮아간다.

지난 7월 13일, 도널드 트럼프가 펜실베이니아주의 버틀러에서 유세 도중 암살당할 뻔했다. 토마스 매튜 크룩스는 AR-15 자동 소총으로 140미터 떨어진 거리에서 트럼프에게 총을 발사했다. 10년 전 그의 부친이 합법적으로 구매한 총이었다. 총알 중 하나가 트럼프의 귀에 스쳤다. 사격 솜씨가 더 좋았다면 트럼프는 목숨을 잃을 수도 있었다.

역사학자들은 1912년 10월 밀워키에서 비슷한 상황에 놓였던 루스벨트 대통령이 가슴에 총을 맞는 장면, 혹은 1968년 6월 캘리포니아주에서 민주당 경선 승리를 얻은 뒤 로스앤젤레스에서 저격당한 로버트 케네디를 떠올렸다. 정치적 폭력이 난무하던 시대에 벌어진 비극들이다. 1901년에 윌리엄 매킨리 대통령이 암살당했고, 1963년에는 존 F. 케네디 대통령이 같은 운명을 맞았다. 그러나 당시에는 루스벨트의 친구들이나 케네디의 친구들이 정적들을 비극의 책임자라고 비난하지 않았다.

지금은 그런 일이 벌어진다. 미국의 제45대 대통령 암살 시도 직후 공화당은 바이든과 민주당의 언사 때문에 이런 일이 벌어졌다고 비난했다. 트럼프의 러닝메이트인 제이디 밴스 상원의원은 바이든을 직접 겨냥했다.

"이것은 단순히 개별적으로 벌어진 사건이 아닙니다. 바이든이 펼치는 선거전의 핵심 전제는 도널드 트럼프 대통령이 무슨 수를 써서라도 막아야 할 권위적인 파시스트라는 것입니다. 이런 수사는 트럼프 대통령의 암살 시도를 직접적으로 유발합니다."

2024년 공화당 전당대회가 열렸던 밀워키에서 트럼프는 후보 지명 수락 연설에서 쐐기를 박았다. 신이 자신을 구했다며 귀에 붕대를 감고 나타난 그는 이렇게 말했다.

"우리는 반대편의 말을 범죄시하면 안 됩니다. 정치적 대립도 악마화하면 안 됩니다. 최근 우리나라에서 사상 최고 수준으로 그런 일이 일어나고 있지만 말입니다. 그런 의미에서 민주당은 즉시 사법 시스템을 도구화하는 것을 멈추고, 정적을 민주주의의 적으로 규정하는 것을 멈춰야 합니다. 그것은 사실이 아니기 때문입니다. 나는 우리나라 국민을 위해 민주주의를 구원하는 사람입니다."

신이 사명을 주고 보낸 민주주의의 구원자. 이것이 트럼프가 하는 말이다. 트럼프 진영이 폭력과 공론의 야만화를 부추겨 몇 년 전부터 얼마나 성공을 거두었는지 아는 사람들에게는 진실의 오도가 아닐 수 없다. 일주일 뒤 바이든 대통령은 결국 후보에서 사퇴했다. 트럼프를 상대해야 할 무거운 짐을 카멀라 해리스에게 물려준 뒤였다.

궁지에 몰렸던 바이든은 트럼프의 암살 시도 다음 날 백악관에서 연설을 했다. 그의 말은 여러분이 지금 손에 들고 있는 이 책과 완벽하게 공명한다.

"처음부터 우리 건국의 아버지들은 열정의 힘을 이해했습니다. 그래서 민주주의를 만들었고, 이성과 균형에 야만적 힘을 능가할 기회를 주었습니다. 그것이 바로 미국입니다. 우리는 선의에 의한 주장을 펼치는 민주주의 국가여야 합니다. (…) 나는 앞으로도 우리의 민주주의를 굳건히 수호할 것입니다. 우리의 헌법, 법치, 그리고 폭력이 아닌 거리에서 벌이는 투표 독려를 수호할 것입니다. 민주주의는 그렇게 작동해야 합니다. 우리는 토론을 하고 합의를 보지 못할 수도 있습니다. 미국에서는 갈등을 투표로 해결합니다. 우리는 그렇게 총이 아닌 투표로 행동합니다. 미국을 변화시킬 힘은 암살자의 손이 아니라 항상 국민의 손에 있어야 합니다."

진영마다 상대편 경쟁자를 민주주의의 실존적 위험이라고 평가하고, 30억 개 이상의 총기가 유통되며, 말과 이미지를 만들어내고 분노를 하나로 뭉치게 할 기술이 있는 미국에서 바이든의 말은 실현 불가능한 바람처럼 들린다. 이루어야 할 과제의 무게 앞에서 그는 포기했다. 그가 '권위주의적인 파시스트'—바이든의 표현이다—인 트럼프의 위협을 막을 성벽이나 댐을 자처할 수 있었을까? 쇠약하고 정신이 혼미한 그는 6월 말에 열린 트럼프와의 토론에서 모든 약점을 드러냈다. 민주당의 말대로라면 민주주의를 위협하는 트럼프라는 위험 앞에 바이든의 사퇴는 버틀러에서 벌어진 암살 시도가 만들어낸 믿기지 않는 후폭풍 때문에 피할 수 없는 일이었다.

여름의 한가운데에서 일주일 동안 벌어진 놀라운 사건들은 미국의 민주주의가 놓인 나약한 상태에 대해 많은 것을 시사한다. 병의 징후는 심각하다. 병을 고칠 약을 찾아야 한다. 꿈을 다시 만들어내야 한다.

개념 설명

인물 설명

지도 및 인포그래픽

보충 설명 및 참고 자료